改革
先锋模范

GaiGe
XianFeng
MoFan

任初轩 编

人民日报出版社
北京

图书在版编目（CIP）数据

改革先锋模范 / 任初轩编. — 北京：人民日报出版社，
2024. 12. — ISBN 978-7-5115-8382-6

Ⅰ. K820.7

中国国家版本馆CIP数据核字第2024FT3646号

书　　名：改革先锋模范
　　　　　GAIGE XIANFENG MOFAN
作　　者：任初轩

出 版 人：刘华新
策 划 人：欧阳辉
责任编辑：曹　腾　季　玮
特约编辑：杜佳妮
版式设计：九章文化

出版发行：人民日报出版社
社　　址：北京金台西路2号
邮政编码：100733
发行热线：（010）65369527　65369846　65369509　65369510
邮购热线：（010）65369530　65363527
编辑热线：（010）65369523
网　　址：www.peopledailypress.com
经　　销：新华书店
印　　刷：大厂回族自治县彩虹印刷有限公司
法律顾问：北京科宇律师事务所　010–83622312

开　　本：710mm×1000mm　1/16
字　　数：199千字
印　　张：16.75
版次印次：2024年8月第1版　　2024年8月第1次印刷

书　　号：ISBN 978-7-5115-8382-6
定　　价：49.00元

Contents 目 录

马克思主义中国化理论研究的推动者郑德荣——

忠诚，写在信仰的旗帜上

信仰的力量，究竟有多大？

它可以让一个人，六十七载如一日，像一名战士，冲锋在马克思主义理论研究宣传第一线；

它可以让一个人，退休之后，培养出博士49名，出版著作、教材40余部，发表论文200余篇；

它可以让一个人，鲐背之年，满怀使命担当开始研究习近平新时代中国特色社会主义思想；

……

以身许党，赤胆忠心；高山仰止，景行行止。

他，就是我国著名中共党史学家、马克思主义中国化研究的重要开拓者和奠基人，被誉为"红色理论家"的东北师范大学原副校长郑德荣。

"实践其所信，励行其所知"。郑德荣始终与党同心同向同行，一生见证中华民族站起来、富起来、强起来，毕生"在马言马、懂马信马、传马护马"，直到生命的最后一刻，把忠诚书写在信仰的旗帜上。

追　梦

"一开始接触马克思列宁主义，
就坚信不疑了，我一定要站在真理这一边"

吉林长春，北国春城。伟岸质朴的长白秀色、清新旖旎的净月风光，让人流连忘返。

时光倒转。20世纪30年代，少年郑德荣眼中的故土，却是"瓜剖豆析、山河破碎"。

每一次目睹日伪政权的暴行，郑德荣都深深体味到受人欺凌的耻辱。一颗年轻的心时时拷问自我："到底怎样才能救积贫积弱的中国？"

一粒渴盼国家独立富强的种子，悄悄发了芽。

真理的光芒是耀眼的。1948年，伴随着解放战争的隆隆炮声，早已厌恶在"国统区"读大学的郑德荣，毅然决然投奔解放区，跨进了中国共产党在东北创建的第一所综合性大学——东北大学（东北师范大学前身）。

"解放区的天是明朗的天"，那里的一切，都让他感到新鲜，"有一种'新生'的感觉"。

"公木先生，那可是大人物呐！"多年后，郑德荣依然忘不了，这位"大人物"身穿一件旧棉袄，腰扎一根草带子，手拎一个白铁壶，一边倒水喝、一边用大白话讲解《中国革命与中国共产党》，"哎，既有真理性，又有吸引性，大家都愿意听，入耳、入脑、入心。"

"共产党里有大学问家！"郑德荣内心激荡不已，"一开始接触马克思列宁主义，就坚信不疑了，我一定要站在真理这一边！""红色熔炉"锻造，奠定信仰基石。

刻苦学习，顺利留校，郑德荣幸运地被分配到中国革命史直属教研室任教，教研室的创立者是无产阶级革命家、教育家、校长成仿吾。工作仅一年，朝气蓬勃的年轻人就在浓郁的红色氛围熏陶下光荣入党。从此，"郑德荣"这个名字便与中共党史研究紧紧相连，永不分离。

边讲课边学习，边研究边探索，感性的认知慢慢聚拢，理性的判断渐渐升腾。

"你连信都不信，怎么给学生讲？要让别人信，首先自己信。"这，是郑德荣对自己的要求。

"不仅在业务上成为国家的高级人才，而且在政治上成为共产主义战士。"这，是郑德荣对学生的要求。

不因现实复杂而放弃梦想，不因理想遥远而放弃追求。即便"文革"期间多次被当作"走资派"批斗，回忆起那段坎坷岁月，郑德荣依然没有怨言、初心不改，"虽然挨过斗，但对党的感情、对马列主义的信仰，从来没有动摇过。"

20世纪80年代初，郑德荣曾借调中央党史研究室工作两年，担任"土地革命战争时期编写组"主持工作的副组长。这一步，成为他学术研究上的重要转机，使他有机会进入中央档案馆，亲手翻阅最原始的革命资料。

每天早去晚回，一条板凳坐到黑。郑德荣如饥似渴地吸收着珍贵史料的营养。

"触摸那些泛黄的纸张，就仿佛看到了坚贞的烈士流下的鲜血、付出的生命。"这份对先烈的崇敬之情和由衷的责任感一直激励着他，在马克思主义理论研究道路上执著前行。

"党史研究，必须注重科学性与政治性的统一。"郑德荣提醒自己，也告诫学生，"我们党史工作者，是在为中国共产党写'红色家谱'，是为党做学问。入了这扇门，就必须成为坚定的马克思主义信仰者，不管什么情况，都要立场坚定、对党忠诚。"

郑德荣这么说，更这么做。多年来，不管处于哪个年龄段、本职工作忙不忙、身体状况好不好，每逢庆祝建党以及老一辈革命家的重大纪念活动，他都看作是研究、宣传党的理论、回应社会关切的重要契机。而每一次，他都积极著文、参会、宣讲。

2001年7月，纪念建党80周年。长春的不少党员干部聆听了郑德荣的党课。台上，75岁的郑德荣声如洪钟、神情激扬，讲得振奋人心。然而，很少有人知道，他早已患有冠心病和糖尿病。

"都这么大年纪了，身体咋受得了？"好心人劝他歇一歇。

"我这一上讲台啊，就啥都忘了。只要还能动，就一定要参加！"炎炎夏日，这位年逾七旬的省委理论宣讲团成员，奔波6县市、宣讲12场。

学生看着心疼，建议他别再接受一个基层单位的邀请，孰料郑德荣一脸正色："这正是党和国家需要我们的时候，也是党史专业知识发挥作用的时候，怎么能推托呢？"

"是什么让您毕生求索、沉浸于党史研究？"有人好奇。

"工作需要，就是我的志向。做什么爱什么，干什么学什么，全心全意为人民服务，个人利益服从国家利益，是铭刻在心的信条。"几十年来，郑德荣把个人融入时代、将信仰融入生命，在知识的海洋里劈波斩浪，人生的征帆始终沿着正确的航向，驶向理想的彼岸。

担　当
干顶天立地事，做举旗亮剑人

书生报国，唯有道德文章。

留校仅4年，郑德荣就出版了第一部学术著作《中国共产党是怎样诞生的》。

漫长的学术生涯，郑德荣似一棵党史研究领域的常青树，苍翠挺拔。67年来，他共撰写具有重要影响的学术著作和教材50多部，发表高水平论文260多篇。

1983年，他成为全国高校中共党史学科最早的4位教授之一；

1986年，他成为全国高校中共党史学科首批3位博士生导师之一；

1991年，他带领的东北师范大学毛泽东思想研究所，在教育部直属院校147个社科研究机构的评估中名列第一；

……

"史论结合、以史立论、以论见长"，他的很多成果，提出独到见解，填补学术空白，匡正传统观点，曾得到胡乔木、胡绳等著名党史学家的充分肯定。他撰写的《毛泽东思想史稿（修订本）》，更是开创了研究毛泽东思想史科学体系的先河。

教材，师生间最有力的纽带。学过中共党史的人，对"郑德荣"这个名字一定不陌生——

他编写的《中国共产党历史讲义》，是改革开放后最早推出的全国高校通用党史教材，再版5次，发行百万余册；

他编写的《毛泽东思想概论》，被全国高校和中央党校采用，加印13次，发行突破百万册；

......

几十年来，这些教材广为传播，深深地影响了几代人的世界观、人生观和价值观。

"别小看教材啊！这可是件大事。它覆盖面广、影响力大，直接关乎社会主义事业建设者和接班人的培养。"他常对学界同行说，"党史教材更非同小可，政治要求高、导向性强，每一个论断、每一个细节都要一锤子一锤子地敲定，容不得半点儿含糊，必须经得起历史的检验。"

而今，郑德荣撰写、主编的著作在国家图书馆馆藏有30余种，在美国国会图书馆、哈佛大学图书馆等海外图书馆也有馆藏。

郑德荣的学术研究，烙有鲜明的时代印记。从毛泽东思想、邓小平理论、"三个代表"重要思想、科学发展观，到习近平新时代中国特色社会主义思想，郑德荣的研究视野一直与时代同步。

有人质疑："是不是形势跟得太紧了？"

"老师对此不以为然，反而告诫我们，离开现实语境搞党史研究，那是孤芳自赏。党史研究要解决问题、为党的事业服务。"学生程舒伟教授回忆。

干顶天立地事，做举旗亮剑人。除了著书立说，郑德荣还善用真理的力量捍卫真理。

"现在研究毛泽东思想还有用吗？"多年前，在参加一次马克思主义中国化学术会议时，一名外校青年教师向他请教。

发问者不是老百姓，而是从事马克思主义中国化教学研究的理论工作者——这让郑德荣深感忧虑。作为回应，他在大会上作了针对性的长篇发言，随后又发表了《毛泽东思想的历史地位与当代价值》等多篇论文和著作，系统阐述了毛泽东思想的时代意义，在学术界产生了强烈反响。

无独有偶，在湖南参加"现代化视野中的毛泽东思想研究"国际学术研讨会时，一名学者主张"中国特色社会主义理论体系应该包括毛泽东思想"的大会发言，又让郑德荣愕然，感到有必要从学理上及时回应。正值酷暑，82岁的老人抛开准备好的讲稿，利用午休时间重新撰写发言提纲，阐述毛泽东思想和中国特色社会主义理论体系既一脉相承又与时俱进的关系。这一发言观点鲜明，论证有力，廓清了模糊认识，与会学者高度认同。

离开湘潭的那天清晨，天蒙蒙亮，郑德荣专门来到毛泽东塑像前，献上鲜花，伫立良久，语重心长地对随行学生说："我们参加学术会议，既要虚心接受各种学术观点，也要有政治鉴别力和敏锐性，关键时刻要敢于正面发声。"

学生王占仁教授至今还记得郑德荣第一次带他申报课题时的情形。2008年，郑德荣带领课题组选择"中国特色社会主义道路基本问题研究"作为申报选题，这在当时可是国家高度重视、学界广泛关注的前沿热点问题。

"太难了，换一个容易中的题目吧！"有课题组成员心里打鼓。

"中与不中不是目的，关键看课题对党和国家有没有价值，党和国家需要才是我们的选择。"郑德荣坚持不换。

"老师的坚持，让我第一次体会到党史工作者的责任与担当。"王占仁回忆。

郑德荣还有个"永久牌"与"飞鸽牌"的论断广为流传。

"我们做教师的，尤其是文科教师，无论课堂教学、学术研究，还是资政建言，都要做'永久牌'，就是持之以恒地用马克思主义的立场观点方法作指导，不要做'飞鸽牌'，不能当'墙头草'。"

2001年，政法学院增设公共管理专业，对培养目标和课程体系几次讨论后，有的老师不耐烦：没必要搞得这么复杂，国外大学这个学科发展很成熟，找几个培养方案翻译过来改一改就行了。

"借鉴国外大学的有益经验，这没异议，但中国的高校是共产党领导的，培养的是社会主义建设者和接班人，新增的公共管理专业，是为党政机关、国有企事业单位培养管理人才的，政治性同样鲜明，一定要在培养目标和课程设置上体现出来！"郑德荣态度鲜明、语气坚定。最后，他的意见得到一致赞同，写入培养方案。

薪 传
既为"经师"，更为"人师"

"才者德之资，德者才之帅。"这是郑德荣经常挂在嘴边的话，"中共党史学科的特殊性，要求研究者必须在政治上有坚定的理想信念，在思想道德上有高尚的情操，否则，就不配为一名中共党史教师。"

他的博士生，都忘不了先生的第一堂课。

"出乎意料，老师并不直接谈专业知识，而是问怎么看待党史专业、为什么选这个方向、将来有何打算？"王占仁回忆，先生重点谈了对"理想""勤奋""毅力""进取"这四个词的理解，"这四个词是我的座右铭，每个人都有理想，作为党史专业博士生，理想一定要和党的事业联系在一起，这样才不枉费党和国家的培养；有了理想，还要靠勤奋去实现、靠毅力去坚持、靠进取去推动……"

原来这第一堂课，是堂"举旗定向""壮骨补钙"的课，解决的是

"总开关"问题，为同学们系好为学为人的"第一粒扣子"。

红色理论家，大爱筑梦人。在郑德荣从教65周年学术思想研讨会上，他曾动情地说道："我人生最大的快慰有两件事：一件，是科研成果给人以启迪，服务于社会；另一件，是学生的成长成才，青出于蓝胜于蓝。"几十年从教生涯，他始终传承"红色基因"，以大爱情怀教书育人。

眼不离书，手不离笔，心不离教。

郑德荣的书柜里，满满的都是党史书籍，地上也堆着上年头的党史资料，有些图书馆难见的党史书籍，在他家都能找得到——这里，是个名副其实的"党史资料室"。

"只有大量占有第一手资料，才能做到论从史出、言之有据、严谨求实。"郑德荣要求学生有计划地大量阅读文献，一年至少阅读1000万字以上，并要求用马克思主义立场观点方法分析文献资料。

学生，是郑德荣所钟情"红色事业"的一部分，也是他精神与感情的寄托。

郑德荣极为重视指导博士生的时间和精力投入，平均每周要指导低年级博士生12学时以上。每天早上，从南湖锻炼回来，郑德荣不是去吃早饭，而是操起电话，跟学生交流读书心得，"时间一长，我们的作息习惯都随他了。"学生邱潇笑言。

善于联想、富有启发性，是郑德荣的教学风格。全脱稿讲授，他的课堂生动而深透，思想的火花时时迸发。他的"提示、讨论、小结、作业"四段授课法，使博士生处于课前独立准备、课上独立思考、课后独立钻研的良性循环；他实行的"读书、思考、讨论、答疑、交流"的开放式教学模式，逼着学生多思考、多提问、多视角分析问题。

带学生，他还有一个绝招——任务带动——师徒一起攻坚写论文。

"一篇论文，磨上几个月。最后，论文发表了，你也出师了。"学生刘世华教授直叹"受益匪浅"。

由中国人民大学、北京师范大学、吉林大学、东北师范大学等院校教授组成的优秀教学成果鉴定委员会，曾对郑德荣作过考核鉴定："……教学水平居于国内领先地位。该同志既教书，又育人；既能严格要求，又多方关怀学生的成长与进步；以身作则，为人师表，事迹突出，效果卓著，堪称教师中的佼佼者。"这一评价，是郑德荣既为"经师"更为"人师"的真实写照。

桃李不言，下自成蹊。郑德荣培养的49名博士，绝大多数都耕耘在马克思主义理论学科的沃土上，并成为这一领域的学术骨干和领军人才。他们犹如一颗颗红色的种子，在研究宣传马克思主义的广袤原野上生根发芽，开花结果。

鹤发仍伏枥，丹心励后学。在政法学院院长尹奎杰看来，郑德荣一直是学院学术的支撑，"考虑到先生年事已高，近年来学院不再给他安排本科课程，他坚决不同意，最后达成一致：定期给本科生作专题讲座。"

党的十八大闭幕后一个月里，郑德荣就为本科生作了两场宣讲；党的十九大闭幕不久，行动已不便，就请同学们到家里，在客厅做了一个多小时的讲解……

黑格尔说过，同一句格言，在一个饱经风霜、备受煎熬的老人嘴里说出来，和在一个天真可爱、未谙世事的孩子嘴里说出来，含义是根本不同的。

"很多道理以前都听过，但由郑先生说出来，让人信服！"本科生刘强回忆，请先生作辅导，他从不拒绝；不管多疲惫，只要登上讲台，他就异常兴奋、底气十足！慈祥的眼神里，流露着对理想信念的自信和对后辈深深的爱。每次报告结束，先生都和学生们握手，理想、信念、知识、情感就这样在代际间传递着……

勃　发
"干活，干活，'干'中才能'活'嘛"

60岁后，能够干什么？

多数人是退休回家，含饴弄孙，悠闲自适。但60岁，在郑德荣眼中，则是焕发生机活力的又一个起点，迎来学术生命的"第二春"。

1986年，郑德荣从副校长的岗位上退下来时，曾激情满怀地"规划"未来："要用10年时间，到我70岁时，培养出10个博士、出版10部专著。"现场掌声一片，也不乏私下的怀疑："怎么可能？"

老骥伏枥，耄耋勃发。这一干，就是30多年！

随着年岁的增长，郑德荣非但没有放缓学术科研节奏，反而"大弦嘈嘈如急雨""大珠小珠落玉盘"，新见迭现、新作频出。

一生50多本著作和教材，有40本是60岁后出的。80岁到90岁的10年间，光个人专著就有5部，承担国家项目3项，发表论文70余篇，每年都要外出参加学术交流，并以高质量的文章参会。

仅2011年一年，他就发表文章14篇，这是一个中青年学者都难以企及的成果数量，也远远超过了之前他规划的目标。

不吃老本、超越自我，郑德荣对党的十八大以来的研究成果，堪称"人生黄昏时间的彩虹"：《中国特色社会主义的真谛和要义论析》《马克思主义中国化纵横观》……一系列论文、论著，闪烁着最新的思想火花。

2017年10月25日，党的十九大胜利闭幕第二天。一大早，东北师大党委副书记王延就接到郑德荣的电话,内容就一条:如何更快更好地宣传党的十九大精神的核心要义,并主动请缨为全校师生作宣讲报告,"言语中充满了振奋、激动和喜悦,完全不像一位90多岁的老人。"王延说。

更让人没想到的是,91岁的郑德荣还抱病组织团队,申报了"研究阐释党的十九大精神"国家社科基金专项课题,几番论证、数易其稿,每次他都在学生的搀扶下到会,全程主持研讨。

不抽烟,不喝酒,生活规律,几无嗜好,郑德荣最大的享受,是思考。

"干活,干活,'干'中才能'活'嘛!"老先生乐观豁达,在他看来,让老人发挥余热,属低层次要求,"应当把有限的时间活得更有意义,一年当成几年过。"

有必要这么拼吗?

"我这个年纪,不可能再通过别的方式回报党了,多写一篇文章,就是多作一份贡献。"于是,常常上一篇论文刚刚寄出,又开始着手下一篇文章了。

2013年12月,郑德荣又一次住院。医生要求静养,但对视时间如生命的郑德荣来说,这简直和病痛一样难受:"静养,静养,把我看书做学问的权利都夺走了,这样干待着,太浪费时间,也静不下来啊!"

"思考学术,就是最好的止疼药!"不到万不得已,郑德荣拒绝吃止疼药。"他怕止疼药的麻醉作用影响脑子思考。"在多次接诊他的吉林大学白求恩第一医院医生王春艳的印象中,这个"病号"与众不同,手边全是书,一直挺忙活。

好不容易"熬"到2014年元旦前夕,医院同意他出院,郑德荣兴奋得像个孩子:"我早就好了,这回可自由了,终于可以回去给学生上课、搞研究了！"

生命的最后几天，虽极度虚弱，但他还在反复修改入选"纪念马克思诞辰200周年理论研讨会"的论文。看不了，就让学生念，他听。最后一次修改时，坚持听完9000多字的论文后，他拔掉氧气管，一个字一个字地说出修改意见。好几次，他试着站起来，但刚一用力就大汗淋漓——他实在太想参加这个会了。

繁霜尽是心头血，洒向千峰秋叶丹。2018年5月3日，92岁的郑德荣离开了这个世界。去世前，他对学生留下的最后一句完整的话是：不忘初心，坚持马克思主义！

悟初心，守初心，践初心。郑德荣常以毛泽东在1939年延安庆贺模范青年大会上的讲话教育学生，要"永久奋斗"。这句话，他做到了。

90岁生日时，郑德荣曾满怀豪情地抒发宏愿："再过5年，当我95岁时就到了我们党建党100周年，到那时，我和你们一起庆祝党的百年华诞！"

现场的弟子无不为之震撼：原来，先生的学问、勤勉、成就乃至高寿，皆源于这样的情怀与追求——把自己的生命与一个伟大的党融为一体，达致永恒……

（作者为盛若蔚，《人民日报》2018年06月27日04版）

大山里的"校长妈妈"张桂梅——

爱让梦想飞越大山

"我从心底敬佩您这样的人……您为这些女孩子们在荆棘重重的道路上开出了一片天，督促她们走向了更高、更远的地方。您选择将自己的爱给了山区的女孩们，让她们看到了更为广阔、美丽的风景。"2020年12月5日，南航乘务员朱静怡给飞机上偶遇的一位乘客写了封信。

这位乘客正是全国优秀共产党员、云南丽江华坪女子高中校长张桂梅。

为大山里的女孩点亮梦想，张桂梅老师感动了无数素昧平生的人。究竟是什么，赋予一位山区人民教师如此厚重的力量？

"源源不断的爱奔向我、鼓励我"

陈法羽一辈子也忘不了在华坪女子高中入学时那张贴在床边、写着自己名字的小纸条。她是女高的第二届毕业生，如今是丽江市永胜县一名民警。

2009年，陈法羽初中毕业，中考没达到高中录取线。父亲对她说："自费读高中咱家供不起，要不你回家，过几年找个好人家嫁了。"

那一年，陈法羽16岁，心有不甘。此时有人告诉她，华坪建了所免费女子高中，专门招收贫困山区初中毕业的女孩，想读高中可以去试试。这对陈法羽来说，无疑是一次改变命运的机会。

开学报到，宿舍的床已经铺好了。被褥崭新整齐，床位上贴着名字。陈法羽轻抚写着自己名字的字条，忍不住哭了："这张小床让我感到安全和温暖，这张纸条为我打开了一扇新世界的大门。"

几乎每个从华坪女高毕业的学生，都有和陈法羽相似的感动，她们对张桂梅的敬重无以言表——有什么比改变命运更重要？

张老师对学生的爱真挚热烈，又一以贯之。拖着病体，她坚持为毕业班的孩子上课；节衣缩食，她把省下来的钱捐给学生……有人曾说，张老师快枯竭了，人的爱是有限的。张桂梅听后说："不会的，因为有源源不断的爱奔向我、鼓励我！"

"坚持，再坚持一下呗"

进入女高的陈法羽很快发现：关爱的同时，是严格的管理。

每天早晨5点半起床，课间出操1分钟站好队。张老师每天拿着小喇叭，不厌其烦地喊学生起床、跑步、吃饭、睡觉，"你们迟到一秒钟我也不干！"

张桂梅和病魔斗："不能把宝贵的时间浪费在无休止地看病上"；

她和贫困较劲："挽救一个女孩拯救三代人"；

她对学校老师、学生要求严格："坚持，再坚持一下呗！"这是张桂梅劝慰大家最多的话。

陈法羽说："我们来女高读书是来改变命运的，不拼拿什么和别人比？张老师也在拼啊！"

校办主任张晓峰告诉记者，张桂梅老师是在拿命办学，师生们服气。

张桂梅的言传身教也感染着女高老师们。韦堂芸老师受伤左脚骨折，想到还有100多天就要高考，她拄着双拐给学生上课；杨晓春老师悄悄给学生垫付医药费、生活费，却从不往外说——这样已知和未知的故事，在女高还有很多。

张桂梅宿舍里有4张床铺，1张自己睡，3张留给"不听话"的和生病的学生。有名女生性格孤僻，和张桂梅住在一起。不管张老师怎么关心她、开导她，她都不怎么说话。张老师疾病缠身，每天早晨5点起床，忙里忙外一天，晚上还和她聊天。3个月后，这名学生抱着张老师痛哭，说一定好好读书。

"女高的许多学生家庭贫困、变故多，她们的心要好好去焐。"张桂梅说。

"走出这里，就忘了女高和我吧"

10多年来，张桂梅老师走过11万公里的家访路，走进1000多名学生的家。

有些地方，包车司机都不愿意去，张桂梅虽然因小脑萎缩导致行动失衡，却跋山涉水坚持家访。她握住学生家长黝黑皲裂的手，脱下外套塞给人家，自己冻成伤寒……在她看来，女高不是普通的学校，是连接党委政府和山区贫困群众的桥梁。

"女高能走到今天，离不开党和政府作坚强的后盾。"各级党委政府对女高关爱有加，当地为女高解决了50个教师编制，教师工资和办学经费均由县财政全额拨款。

在女高教学楼走廊的墙上，挂着大大小小的牌子，上面是密密麻麻的捐款记录。"学生们每天经过这条'爱心长廊'，会记住得到的帮助。"张桂梅说。

有人联系张桂梅，表示要给女高捐款，但条件是提供学生家庭地址和贫困情况的照片。对于公开学生信息的行为，张桂梅并不同意。她说，对学生的信息要严格保密，既维护学生的自尊，又保护她们的隐私。张桂梅也经常对毕业生说，"走出这里，就忘了女高和我吧。"

如今女高毕业生遍布全国，她们把艰苦朴素、发奋图强、坚忍不拔、感恩回报的精神带出了大山，又带回到山里。

周云丽是女高第一届毕业生，2015年大学毕业后考取宁蒗县一中数学教师岗位。正当她准备上岗时，听说母校数学老师紧缺，她毫不犹豫放弃"正式编制"，回到女高任代课教师。陈法羽将第一个月的工资全部寄给学校，之后每月拿出500元钱资助在校贫困学妹，"女高改变了山里女孩的人生，我们也要把张老师的精神传下去。"

（作者为徐元锋，《人民日报》2020年12月11日04版）

中医药科技创新的优秀代表屠呦呦——

中医药献给世界的一份"礼物"

2020年12月30日,是屠呦呦90岁生日。她收到一份特别的生日礼物:屠呦呦研究员工作室在中国中医科学院中药研究所揭牌。她毕生只致力于一件事——青蒿素及其衍生物的研发,如今依然潜心于此……

"我学了医,不仅可以远离病痛,还能救治更多人"

"呦呦鹿鸣,食野之蒿"。屠呦呦的名字,注定她与青蒿一生结缘。

1930年12月,屠呦呦出生于浙江宁波。"女诗经,男楚辞"是中国人古已有之的取名习惯,屠呦呦父亲从《诗经·小雅》中撷取"呦呦"二字。父亲又对了一句"蒿草青青,报之春晖"。他未曾料到,这株"小草",改变了她的命运。

屠呦呦的求学之路曾被一次疾病中断。16岁时,她不幸染上肺结核,经过两年多的治疗调理才康复。这次经历,让她对医药学产生了兴趣。"我学了医,不仅可以远离病痛,还能救治更多人,何乐而不为呢?"从此,屠呦呦决定向医而行……

1951年,屠呦呦考入北京大学医学院药学系(现北京大学医学部药学院),选择了冷门专业——生药学。多年以后,屠呦呦说,这是她最明智的选择。

1955年大学毕业后，屠呦呦被分配至原卫生部中医研究院（现中国中医科学院）中药研究所，工作至今。参加工作4年后，屠呦呦成为原卫生部组织的"中医研究院西医离职学习中医班第三期"学员，系统学习中医药知识，发现青蒿素的灵感也由此孕育。

培训之余，她常到药材公司去，向老药工学习中药鉴别和炮制技术。药材真伪、质量鉴别、炮制方法等，她都认真学、跟着做。这些平日的积累，为她日后从事抗疟项目打下了扎实基础。

"我是组长，我有责任第一个试药"

1972年7月，北京东直门医院住进了一批特殊的"病人"，包括屠呦呦在内的科研人员，要当"小白鼠"试药。屠呦呦毫不犹豫地说，"我是组长，我有责任第一个试药！"这段故事，还要从"523"项目说起。

1969年1月，39岁的屠呦呦突然接到紧急任务：以课题组组长的身份，与全国60家科研单位、500余名科研人员一起，研发抗疟新药。项目就以1967年5月23日开会日期命名，遂为"523"项目。

最初阶段，研究院安排屠呦呦一个人工作。她仅用了3个月时间，就收集整理了2000多个方药，并以此为基础编撰了包含640种药物的《疟疾单秘验方集》，送交"523"办公室。经过两年时间，她的团队逐渐壮大，历经数百次失败，屠呦呦的目光锁定中药青蒿：她们发现青蒿对小鼠疟疾的抑制率曾达到68%，但效果不稳定……

说起研究的艰辛，屠呦呦老伴李廷钊记忆犹新：为了寻找效果不稳定的原因，屠呦呦再次重温古代医书。东晋葛洪的《肘后备急方》中几句话引起她注意："青蒿一握，以水二升渍，绞取汁，尽服之。"

"其一是青蒿有品种问题。中药有很多品种，青蒿到底是蒿属中的哪一种？其二，青蒿的药用部分，《肘后备急方》提到的绞汁到底绞的是哪部分？其三，青蒿采收季节对药效有什么影响？其四，最有效的提取方法是什么？"屠呦呦说。

屠呦呦反复考虑这些问题，最终选取了低沸点的乙醚提取。经历多次失败后，终于在1971年10月4日，编号191号的乙醚中性提取样品，对鼠疟和猴疟的抑制率都达到了100%。

尽管有了乙醚中性提取物，但在个别动物的病理切片中，却发现疑似的副作用。只有确证安全后才能用于临床。疟疾有季节性，一旦错过当年的临床观察期，就要再等一年。于是，屠呦呦向领导提交了志愿试药报告，也带动同事参与。

"虽然发现青蒿素快半个世纪了，但其深层机制还需要继续研究"

然而，青蒿素的首次临床观察出师不利。

1973年9月，在海南的第一次青蒿素片剂临床观察中，首批实验的5例恶性疟疾只有1例有效，2例有一些效果，但是疟原虫并没有被完全杀灭，另2例无效。

一连串疑问困扰着屠呦呦：不是青蒿素纯度的问题，也不是动物实验和数据的问题，难道是剂型？海南临床试验人员把片剂寄回北京，大家感觉片剂太硬，用乳钵都难以碾碎，显然崩解度问题会影响药物的吸收。于是，屠呦呦决定将青蒿素药物单体原粉直接装入胶囊，再一次临床试验。这次，患者在用药后平均31个小时内体温恢复正常，表明青蒿素胶囊疗效与实验室疗效是一致的。

从化学物质到药物的转变，青蒿素研究永无止境。1982年，屠呦呦以抗疟新药——青蒿素第一发明单位第一发明人身份，在全国科学技术奖励大会上领取了发明证书及奖章。青蒿素的研制成功，为全世界饱受疟疾困扰的患者带来福音。据世界卫生组织统计，现在全球每年有2亿多疟疾患者受益于青蒿素联合疗法，疟疾死亡人数从2000年的73.6万人稳步下降到2019年的40.9万人。青蒿素的发现挽救了全球数百万人的生命。

屠呦呦获得2015年诺贝尔生理学或医学奖。在瑞典卡罗林斯卡医学院的诺奖演讲台上，第一次响起清正柔婉的中国声音；屠呦呦的学术报告的标题是"青蒿素——中医药献给世界的一份礼物"。

面对荣誉，屠呦呦一如既往地淡定。"共和国勋章"颁发人选公示前，评选组曾经联系过屠呦呦。当时，她一遍遍确认着一系列问题：这么重要的荣誉，我够格吗？组织上有没有征求大家的意见？……直到对方一再确认保证，她才同意接受。

居住在北京市朝阳区一栋普通居民楼里，屠呦呦依然没有习惯成为一位"明星"科学家，她的精力依然在科研。在屠呦呦的不断努力下，2019年8月，中国中医科学院在北京大兴举行了青蒿素研究中心奠基仪式；愿景中的研究中心白色的主楼就像一棵生机勃勃的青蒿。

"虽然发现青蒿素快半个世纪了，但其深层机制还需要继续研究。"屠呦呦盼望后辈有所突破。

2019年4月25日是第十二个世界疟疾日，中国中医科学院青蒿素研究中心和中药研究所的科学家在《新英格兰医学杂志》上提出了"青蒿素抗药性"的合理应对方案。由特聘专家王继刚研究员为第一作者，屠呦呦指导团队完成。未来青蒿素的抗疟机理将是她和科研团队的攻关重点。

一株济世草，一颗报国心。应对新冠疫情，屠呦呦呼吁：全球科研和医务工作者，要以开放态度和合作精神，投入到重大传染病防治中去……

（作者为王君平，《人民日报》2021年02月04日10版）

载人深潜事业的实践者叶聪——

深潜，万米海底

一

江苏，无锡，2016年秋天的一个晚上。

中国船舶集团第702研究所依旧灯火通明，许多科研人员还在紧张忙碌着。

突然，水下工程研究室高级工程师、共产党员叶聪接到所长何春荣的电话："小叶，来我办公室一趟，有事谈。"

"什么事？"

"好事，大事。来了就知道了！"

听得出来，何所长的声音里有一种按捺不住的欣喜，难道是那个重大项目有消息了？叶聪一边猜测着，一边快步赶了过去。

果然，在所长办公室，沉稳干练的何春荣转达了北京有关方面的正式立项通知：全海深万米载人潜水器由702所牵头研制，由叶聪担任总设计师。

这一年，叶聪才37岁。别看他这么年轻，实际上已屡经历练了。早在2001年，他从哈尔滨工程大学船舶工程学院毕业，入职702所水下工程研究室。不久，便跟随总设计师徐芑南，投入我国首台大深度载人潜水器"蛟龙"号的研制工作中。他担任"蛟龙"号的总布置主任设计师，还兼任试航员，代表徐芑南驾驶"蛟龙"号深潜到超越7000米的设计海深，创造了同类型潜水器深潜的世界纪录。当"蛟龙"号从太平洋深处凯旋时，盛大的欢迎庆典在青岛深海基地举行。叶聪与其他7人一起，被中共中央、国务院授予"载人深潜英雄"荣誉称号。

光荣属于昨天，奋斗还将继续。此后不久，"蛟龙"号研制团队又开始了潜深定为4500米的"深海勇士"号的设计制造工作，目的是在工艺、材料等方面实现全面国产化，为进一步研制全海深万米载人潜水器打下坚实基础。

2016年春，科技部启动了"全海深万米载人潜水器"总体设计、集成与海试项目。经过一番"过五关斩六将"的评审，中国船舶集团第702研究所最终成为研制牵头单位。同时，在科技部的组织协调下，曾经配合"蛟龙"号和"深海勇士"号研制的合作者：中国科学院声学、金属、理化、能源、自动化和深海科学与工程研究所、中船重工（现中船集团）第712研究所、国家深海基地管理中心等单位也吹响了集结号，准备同心协力，打一场轰轰烈烈的攻坚战。

二

那么，什么是全海深？为什么要研制全海深万米载人潜水器？

根据国际惯例，海洋1000米深度以下叫深海，6000米深度以下叫深渊。地球上约84%的海洋深度大于1000米，但深渊只有1.2%左右。目前，人类在海洋中的活动主要集中在沿海和浅海区域，能够到达深渊的人少之又少，对深海的研究和认知比对太空的认知要少很多。20世纪末，只有4个国家研制出了进入深海的载人潜水器，但一般下潜深度为6500米左右。21世纪初，我国的"蛟龙"号横空出世，创造了载3人下潜7062米的世界纪录，从而让我国具备了在98%以上海底进行科学考察的能力。

全海深，顾名思义，就是载人潜水器抵达海洋的最深极点——马里亚纳海沟沟底。深海中有大量的油气、矿产和生物资源，等待人们去探测、开发、利用。有关人类起源、生物进化、地质演变等研究，也有可能在这片土地上找到答案。全海深万米载人潜水器若能研制成功，意味着全球海洋的任何地方，我们都有能力去科考；也意味着，我们将为人类认识深海、开发深海，贡献中国力量。

但是，全海深万米载人潜水器的研制工作难度极高，涉及设计技术、材料技术、密封技术、工艺技术、通信技术、安全技术、集成技术、试验技术等，每一项都是巨大挑战。其中，最关键的部件是载人舱。因为人类想要进入深海，水的压强是最大的敌人。科学家计算过：在海洋里每下潜10米，便增加1个大气压，依此类推，下潜1000米则为100个大气压，如果深入海底1万米，那就是1000个大气压，相当于在指甲盖大小的地方，压上几辆载重汽车。如果没有防护措施，人到了这样的地方，瞬间会被压成纸片。所以，载人潜水器首要考虑的，就是载人舱的安全性。

当初我国研制"蛟龙"号时，曾学习借鉴了国际上的成功经验：将载人舱设计成球形。这种形状受力均匀，再用抗压特别强的"钛64"合金做外壳。但因国内缺乏有关材料和工艺技术，只能委托国外机构生产制造，然后像缝制篮球似的，将钛合金冲压成一个一个"瓜瓣"，拼成一个半球，然后两个半球合成一个整球。后来，在"深海勇士"号国产化时，认识到这种工艺落后了，尤其是因为有多条焊缝，存在一定风险。

于是，我们的研制团队在科技部统一协调下，联系中科院金属研究所和专业化科研生产稀有金属品的国内某集团，研发了将板材直接成型为两个半球，而后焊接为一体的工艺路线。

这项研发大大降低了载人舱的风险系数，然而，那只是适用于下潜4500米的深度。而今到了全海深，压强要高出整整一倍还多。一方面要承受万米海底的极端压力，另一方面要满足搭载3人的更大空间设计。这个载人舱无疑要求更高、制造更难，连钛64合金都无法满足要求了。

要想解决载人舱材料难题，就需要研制一种更高强度的新型钛合金。2014年，也就是全海深万米载人潜水器立项的两年前，中国科学院实施了战略先导科技专项，位于辽宁沈阳的金属研究所对深潜材料与制造工艺展开调研论证，研究员杨锐、马英杰、雷家峰等人承担了这项重任。那时候，有3只"拦路虎"横在他们面前：一是耐压材料，二是压制成型，三是无缝焊接。这就需要联合国内一家钛合金公司和焊接研究所，通力协作，共同推进。

不用说，潜水器载人舱的进展一直牵动着总设计师叶聪的心。他一趟一趟从无锡飞往北京、沈阳、宝鸡等地，与科技部、中科院有关专家一起，协调研究事项，把控工期进度。那是一段怎样的日子啊？没有节假日，也没有上下班的概念，甚至不知道季节的更替，只看到窗外的树叶绿了又黄了，黄了又绿了。

经过无数次试验，沈阳金属研究所终于找到了成功之路：将海绵钛和铝、钒等混合在一起，通过大功率压力装置，压制成钛合金电极，然后放在熔炼炉里面，再经多次真空熔炼，炼成符合条件的钛合金铸锭，命名为"Ti62A"。接着，他们用这种材料，在车间里做了几十万次冲压试验，最终形成比较先进的一套大厚度载人球舱制造检测方法。为了保证严丝合缝，他们又设计了两种不同的焊接方案，计划用两个球舱来试制。

百折不挠，勇攀高峰，正是深潜科研工作者们可贵精神的体现。经过近半年的不断试验，不断改进，2019年6月17日，精心优化的第二种焊接方案终于试验成功，随后开始在中国船舶集团第725研究所焊接。随着一阵阵"哧哧"电子束焊声，工程单位一次性完成载人舱赤道缝焊接工作，焊缝质量和强韧性全面达到设计要求。由此，通过采用自主创新的钛合金新材料和焊接工艺，我们建造了世界最大、潜海最深、搭载人数最多的潜水器载人舱。

三

科研路上犹如怒海行船，闯过一个惊涛，又会迎来另一个骇浪。

载人舱建成了，能不能经受万米海水的压力呢？要知道，全海深万米载人潜水器是要到世界第四极——马里亚纳海沟下潜。那里已知最深处为11034米，黑暗寒冷，水压达110兆帕，即人们常说的1100个大气压，被称为"黑暗禁区"。潜水器必须在陆地上经过完备的抗压检测，达标后才能真正投放到海底去，这就需要有一个"深海超高压模拟试验装置"。

这又是一个难关。由于载三人全海深万米潜水器本身就是全球唯一，那么这样的模拟试验装置也就无先例可循，完全需要自主研发设计建造。但这也没有难住我们的科研工作者，他们就是有迎难而上的气魄。就在全海深万米载人潜水器项目启动的同时，研制"深海大型超高压模拟试验装置"的重任也落在了四川航空工业川西机器有限责任公司和中国第二重型机械集团公司德阳基地肩上。为此，他们专门成立攻关组，拿出了自己的设计方案。

这是一个个头极大的模拟装置，三组操场形状的机架直立，中间包裹一个高4.8米、内径2.8米的大圆筒，里面可自动升降压，这就是压力舱，载人球壳就将放在其中试验。建成后，将可模拟最大作业深度1.1万米的深潜项目，承受最大180兆帕的工作压力，满足万米深度背景下大容积、超高压力的测试需求，为全海深载人和无人潜水器的压力试验提供技术支撑。位于海南三亚的中科院深海科学与工程研究所是这一试验装置的用户单位。

可是，从四川德阳到海南三亚，相隔"千山万水"，这样一个大家伙运输起来十分不便。即使运来了，万一有个问题，需要返修加工，时间就全耽误在路上了。

当机立断，中科院深海科学与工程研究所做出了将工厂"搬"来三亚的决定：就地建一个临时车间，现场制造安装这套装置。

此外，深海下潜所需的固体浮力材料全部需要进口，而欧美国家在关键部位实行禁运。中科院理化研究所研究员、女科学家张敬杰勇挑重担，带领研究团队夜以继日、奋斗不休。团队一边科研，一边生产，工作量巨大，失败也接踵而至。在研究的前期，研究团队每天都是在打击中度过的。望着堆成小山似的废品，张敬杰一而再、再而三地给伙伴们打气："坚持住！胜利就在不远的前方！"

终于，在全所上下团结协作、奋力拼搏下，技术难关被攻克，最终实现了固体浮力材料深海化、国产化。

一晃4年过去了，闯过重重难关，全海深万米载人潜水器各项指标终于全部合格，并且在2020年春天经历了总装联调、水池试验，具备了海试条件。

四

2020年6月19日，中国的全海深万米载人潜水器正式被命名为"奋斗者"号。

紧接着，"奋斗者"号团队开始了海试征程。中国船舶集团第702研究所副所长、总设计师叶聪出任海试总指挥，第一批潜航员由张伟、叶延英、杨波、赵兵等人担任。经过第一阶段在南海下潜4500米检测成功之后，他们将挺进太平洋马里亚纳海沟。

若把南北极称为地球的第一、第二极地，珠穆朗玛峰为最高极——第三极地的话，那么马里亚纳海沟就是最深极地——第四极。它位于太平洋西部马里亚纳群岛以东，是一条洋底弧形洼地，长约2550公里、宽69公里，平均水深在8000米左右，极点为"挑战者深渊"，深度为11034米。也就是说，把8848.86米高的珠穆朗玛峰放在里边都填不满。

这里黑暗、冰冷、压力巨大，环境条件极其恶劣。我们的"奋斗者"号并非仅仅作短暂停留的探险型潜水器，而是工作型的，需要搭载三人潜入万米海底，能够自主巡航与科学考察。空间大、时间长、乘员多，难度远远超过世界类似深潜器。此次前往"挑战者深渊"海试，就是对这台全海深万米载人潜水器性能的全面验证。

按照计划，海试关键词是"双船双潜"。"双船"，是为"奋斗者"号深潜护航的双母船——"探索一号"和"探索二号"；"双潜"，是两台潜水器：一个是主角"奋斗者"号，另一个则是它的"御用摄影师"——深海视频着陆器"沧海"号。

2020年10月10日上午，三亚南山港码头鼓乐喧天，一个隆重而热烈的启航仪式在此举行。随着一声长长的汽笛鸣响，"探索一号"和"探索二号"满载着人们的祝福出征了。首先，"探索一号"搭载"奋斗者"号前往马里亚纳海沟海试；随后，"探索二号"搭载"沧海"号与它会合。

10月21日，海试团队到达预定海域，当天便进行了适应性下潜。此后5天，连续进行5次大深度下潜，从5454米一直到9163米，均获圆满成功。

激动人心的一天到来了，10月27日，"奋斗者"号将首次突破万米大关。由海试总指挥叶聪、主驾驶叶延英、声学设计师刘烨瑶执行这个光荣的任务。这不仅仅是一个深度从4位数到5位数的变化，而且是中国人要逼近地球最深海底，挑战极限。

"各就各位，准备下潜！"

"明白，下潜人员已就位！"

"报告一号，船舶准备完毕，距离布放点6米！"

"报告一号，水面支持系统准备完毕！"

随着一系列口令下达，载着"奋斗者"号的轨道车移动、保障人员拆除限位销、挂主缆、起吊、挂龙头缆、布放入水。预先等候在小艇上的试验员，适时冲上去解除主缆副缆。潜水器逐渐漂离母船尾部。潜航员在舱内进行水面检查，确认各项设备的状态。

"一号、一号！'奋斗者'号一切正常，水声通信已建立，请示下潜！"

"一号明白。下潜！"

现场指挥部一声令下，漂浮在海面的潜水器，瞬间便如游鱼一样潜入水下。主驾驶叶延英坐在中间，叶聪和刘烨瑶分坐两边注视着观察窗和各项设备。潜水器以每分钟60米的速度下潜，光线从蓝色慢慢变暗，在微光相机里能看到一些发光的浮游生物在游动。深度值在不断增加，3个小时之后，多普勒测速仪、避碰声呐先后显示距底高度为130米左右。叶延英开始抛载，叶聪眼睛一眨不眨盯着仪表盘，刘烨瑶通过水声通信语音向母船汇报："'奋斗者'号已突破万米深度，目前已抛载，准备坐底。"

"太好了！祝贺你们，祝贺我们的深潜事业！请密切关注潜水器状态，保证各方面的安全！"

"坐底"是指潜水器安全、主动落至海床上。海底越来越近了，10米、7米、5米……在照明灯光下，海底清晰地呈现在3位潜航员眼前。万米海底是如此深邃和静谧，随处可见透明的海参、海绵等，不由得让人感叹生命力的顽强。叶聪十分兴奋，但他没有表露出来，而是叮嘱同伴调节潜水器均衡、近底航行观察、做好相关的试验记录。

深度10058米！中国人首次到达万米海底了！

消息传到母船"探索一号"指挥部里，正在屏幕前观看的队员们鼓掌庆贺！

随后，在10月30日，11月2日至5日，"奋斗者"号又分别4次超过一万米下潜，进一步验证和巩固了深潜成果。11月10日，中央广播电视总台对"奋斗者"号深潜海底进行了现场直播。这一天，"奋斗者"号亦成功抵达海底，坐底深度10909米，刷新了中国载人深潜的新纪录。

五

2020年11月28日，"探索一号"搭载海试成功的"奋斗者"号返航，人们在海南三亚南山港码头举行了盛大的欢迎仪式。

至此，自"十三五"以来，科技部会同中国科学院、中国船舶集团，组织近百家科研院所、高校、企业的近千名科研人员，经过艰苦攻关，成功完成了"奋斗者"号的研制工作。在马里亚纳海沟海试中，13次下潜，其中8次突破万米，标志着我国在大深度载人深潜领域达到世界领先水平，标志着中国的深潜事业从跟跑到并跑、再到领跑的世纪性大跨越。

当记者请叶聪谈谈感受时，这位年轻老成的深潜科研工作者既豪迈又谦逊地说："我觉得不能用这5年来讲深潜的故事，应该用20年甚至更长一些时间。我们从没有深海装备到有深海装备，从无人深潜到载人深潜，从简单作业到复杂作业，是老一辈科学家们用肩膀托起来的。我们既要牢记传统又要开拓创新，所以'奋斗者'号远远不是终点，应该说，我们刚刚打开了深海的一道门缝……"

是的，深海的门缝已经打开，更多的光荣与梦想正等待着人们去奋斗、去争取！

（作者为许晨、臧思佳、蔡华伟，《人民日报》2021年08月02日20版）

海洋维权的模范王书茂——

碧海丹心

盛夏。北京。

王书茂坐在车里，看着车窗外快速掠过的风景，心情既紧张又激动。他深深吸了口气，努力让心情平静下来。

这一天，注定是他永生难忘的一天。2021年6月29日，年过六旬的共产党员王书茂，被党中央授予"七一勋章"。

7月1日，王书茂作为"七一勋章"获得者，受邀登上天安门城楼观礼。"小时候第一次去北京，特别想上天安门城楼看看，如今终于实现了儿时的梦想。"载誉归来的王书茂，站在潭门海边接受采访时感慨万千，深沉的双眸有点湿润。

他望着不远处浩瀚无际的南海，那里海天相接，波涛汹涌，牵动着他一生的梦想与承诺……

一

采访王书茂，正值酷暑三伏。车沿着美丽的乡村公路行进，椰树摇曳之间，很快就到了海南省琼海市潭门镇渔港码头。清爽的海风夹带着渔村特有的鱼腥味扑面而来。淳朴的渔民一听我们找"老船长茂哥"，都热情地给我们带路。

在一幢小楼的庭院里，我见到了今年66岁的王书茂。他身材高大，黝黑的皮肤，眼睛炯炯有神，正和妻子在自家院子里整理渔具。他出生在渔村，家里世世代代以捕鱼为生。

渔民对于大海，就像农民对于大地，始终充满希望和敬畏。王书茂18岁起就跟随父亲出海打鱼，一年有8个月在海上度过，皮肤因长期风吹日晒变得黝黑。在这片祖国的蓝色海疆上，老一辈渔民勤劳勇毅的民风民俗、朴素真诚的爱国热情、舍身守护国家利益的感人事迹，王书茂自小就耳濡目染。

王书茂跟着父辈们，学到了很多远洋航海技术。他熟知南海的海况，就像熟知潭门镇上的每条街巷和每户人家一样。哪边的礁盘好避风，多大的礁盘能开进多大的渔船，他心里清清楚楚。谈起王书茂，村里的老人们总是竖起大拇指说："阿茂脑子好使，能吃苦又有主见，将来能成大事。"

20世纪80年代，王书茂拥有了一艘属于自己的木船，成了潭门村第一批船主。他因此被许多人称为"老船长"。先富起来的王书茂，没有忘记渔民兄弟们，带着他们一起闯远海，耕海牧渔，把日子过得红红火火。

熟悉王书茂的人都知道，这个健硕的男人是个侠肝义胆、敢作敢为的硬汉子。每有渔民遇险，王书茂总是第一个冲出来救人。一天深夜，王书茂已进入梦乡，有人敲门求助：五个渔民在海上断了音讯，生死未卜。王书茂二话不说，组织人员连夜出海搭救。夜幕下的大海危机四伏，但王书茂毫不畏惧，凭借老到的经验，终于找到因故障等待救援的渔船。"我是茂哥，快上船来！"五个渔民最终获救，紧紧拉着王书茂的手喜极而泣。

王书茂性格豪爽大气，乐于助人。他船上有两名船工家境贫寒，生活十分困难。古道热肠的王书茂，不仅向两名船工传授捕捞技术和致富门路，给予资金扶持，还根据政策帮他们争取政府补贴。还有年过九旬的老人吴宛花，王书茂多年来一直悉心照顾她，帮助解决各种困难，给了她生活上的慰藉。在她的心里，"茂公"就是她的亲人。

在多年行船中，王书茂总是站在最危险的前方，组织渔民抵御台风、开展生产自救，赢得了渔民们的敬佩与尊重。

二

南海广袤，见证过多少岁月。自古以来，从琼海潭门港出发，驶向西沙群岛，就是一代代潭门渔民在南海的行船路线。王书茂从小跟随父辈闯荡海上，对这条路线十分熟悉，"夜望星空就知道次日天气如何，下一条绳就知道水深几许，撒一把炉灰就知道暗流有无"。

潭门渔民在海上作业，不时会遭到外国渔民船只的侵扰和挑衅。潭门渔民从来没有屈服，桅杆上的一面面五星红旗，就是他们的精神支撑。王书茂内心笃定："我们祖祖辈辈都去南海打鱼，南海是我们中国人的海。"1985年，潭门海上民兵连成立，王书茂第一批报名，成了一名光荣的南海民兵。海上民兵连积极投身南海维权斗争。他们聚如烈火，散若繁星，无时无刻不在捍卫着祖国海疆的尊严。

1996年某天，正值捕鱼旺季，王书茂带领民兵连民兵坚守某岛礁七天七夜。旺季里休渔7天，对渔民来说意味着一笔不小的经济损失，但王书茂没有丝毫犹豫："守好海疆是我们的本分！"同年，王书茂光荣入党。

2014年5月，我国"981"钻井平台作业受到外方船只的非法强力干扰。王书茂率领民兵连10艘渔船、共200多名民兵骨干，顶风破浪驶过茫茫大海，日夜兼程赶到了事发海域。他不顾生命危险，用自己的船只挡住外方船只，阻止他们的非法行为。外方船只最终只好撤离。

每次危险过后，王书茂都心有余悸："我们也是血肉之躯，面对危险哪有不怕的？但是为了我们的子孙后代，我们不能退却，不能认输。"

海上民兵连也是南海岛礁建设的重要力量。王书茂投身其中，义不容辞。1997年，王书茂和父亲、儿子一起加入建设施工队伍，"三代同堂搞建设"的事迹一时传为佳话。他还曾顶着高温、高湿的环境，运送建筑材料和给养物品，不惧皮肤被紫外线严重灼伤，连续工作100多个日夜……

王书茂将守护南海作为毕生使命。他常说："南海是祖国的南大门，你不守，我不守，全国人民睡觉能踏实吗？作为一名共产党员，为国护海是我的使命。"作为潭门海上民兵连的一名带头人，他早已成为民兵们心中的主心骨。

"只要祖国需要，我们民兵连时刻都在。"从1985年到2022年，王书茂当了37年民兵。他从年富力强的小伙子变成头发苍白的花甲老人。37年来，他积极培养南海维权民间力量，带领潭门渔民和民兵兄弟始终冲锋在前，用实际行动诠释了一名共产党员的担当与坚守。"全国见义勇为模范""改革先锋""最美奋斗者"等荣誉，正是对他的褒奖。

三

1999年，中国开始实施南海海域伏季休渔制度。到今年，已是实施休渔制度的第二十四个年头。

潭门水域，烟波浩渺。曾经，这里水美鱼肥，捕鱼人云集于此。20世纪80年代以来，由于捕捞强度过大，海洋渔业资源面临巨大压力。随着近海渔业资源的日渐紧张，以及国家对海洋生态保护的重视，部分渔民面临转产转业的新选择。如何带领渔民转型发展，成为老船长王书茂的新使命。

许多渔民学历有限，想在休渔期内转产转业，何其艰难。王书茂知道，每有一艘渔船转产，就要牵涉到船上的众多船员，每个船员背后都是一个家庭。更让他发愁的是，许多渔民兄弟想不通：风里浪里打鱼一辈子，临老了怎么就要转产转业了？看着一脸沮丧的他们，王书茂心里别提有多难受。要知道，这些都是曾与他在海上生死与共的渔民兄弟啊！

于是，王书茂挨家挨户上门向渔民宣传国家的休渔政策，自掏腰包请大家喝茶聊天。他要让转型发展的观念深入渔民的心里。

休渔期间，潭门港口泊满了大大小小的渔船。王书茂顶着烈日，在码头宣传栏张贴伏季休渔相关法规宣传材料，登上停靠在码头的渔船，向渔民发放休渔宣传手册，与渔民促膝谈心。"阿福、林爹，这是国家伏季休渔的政策法规，你们熟悉不？我给你们讲讲。"他耐心向渔民讲解，热心解答渔民咨询的问题。可渔民要留他吃饭时，王书茂一眨眼工夫就不见了踪影。

王书茂想要带动大家"造大船，闯深海"，实现新发展。他知道渔民对此心有顾虑，便带头将自己吨位小、风险高的旧渔船换成一条120吨的钢质渔船，与人共同经营。2014年，王书茂又带头贷款订造大船——一艘350余吨的钢质渔船，成为潭门首批拥有全新大吨位钢质渔船的船东之一。同时，为了发展休闲渔业，他先行一步进行探索，利用外出开会和学习的机会，四处考察先进地区的富民途径，想方设法帮渔民转产增收，还组织党员和渔民骨干去先进村镇参观。

2017年11月，海南省首个休闲渔业试点项目落地潭门。好政策让许多观望的渔民心动了。王书茂趁热打铁，鼓励潭门渔民以渔船入股等方式，加入公司参与休闲渔业发展，发展特色渔家民宿。政策的支持和榜样的力量，终于点燃了渔民的参与热情。一些擅长烹饪的渔民还在民宿开设餐馆，吸引游客吃饭消费。转型成功的渔民少了赶海的辛苦，日子也越过越富足。

和王书茂一起闯过海的符名林，也想和朋友一起投资搞海景民宿。但他心里还是顾虑重重：在这个小镇搞民宿，会有人来住吗？周边的人甚至连"民宿"是啥都搞不清楚。思来想去，他决定先去问问王书茂的意见。王书茂听了，非常赞成，不仅鼓励他大胆去做，还拍了胸脯，说碰到问题一起想办法解决。这番话让符名林吃下了定心丸。他和朋友到外地学习取经，建造了一座充满渔家风情的特色民宿。经过一番宣传推广，游客日渐增多，不仅收获可观利润，还解决了20多名周边渔民的就业问题。

王书茂鼓励在外打工的年轻村民，返乡做生态旅游、土特产销售，依托网络平台销售土特产。姑娘、小伙纷纷"触网"，家里的长辈渔民则负责采集、加工土特产。线上线下联动，土特产销路渐渐扩大，还添了不少回头客。村民们都说，这生意是越做越"时髦"了！

四

越来越多的游客喜欢上了潭门。来这里吃海鲜、休闲度假成了一种新时尚。潭门港食客云集，"海鲜一条街"集参观体验、海鲜交易、海鲜加工、餐饮服务于一体，热闹非凡。新兴的渔业旅游产业发展红红火火。游客们在这里一边品尝海鲜，一边聆听船长们的冒险故事。

一踏入潭门港码头就会发现，这里比周边的圩镇更加繁荣。商业街生意兴隆，精品民宿供不应求，各式海鲜酒楼顾客盈门。这些曾经终日淹没在海腥味里的渔民，脸上的笑容越来越灿烂，致富路也越走越宽。

生活大变样，王书茂的功劳，村民们自有口碑。

潭门海上民兵连三排排长王振福，说起王书茂满脸的信服："小时候家里穷，父母一年到头辛苦劳作，日子还是过得紧巴巴。后来我跟着茂哥一起闯海，生活才慢慢好起来。茂哥一直是我们的致富带头人。这些年，潭门的渔船由小变大，渔民生活越来越富裕，离不开茂哥多年来的带头示范。"年过半百的王振福如今不仅做船长，还在岸上办起了水产养殖场。

潭门渔民陈则波当了20多年的船长，谈起茂哥，也感动不已："我13岁起就跟着茂哥学开船、潜水、抓鱼。是茂哥毫无保留地教会了我闯海捕捞的全部技能，更教会我如何做人做事。不仅对我，他对其他人也这样关心帮助。很多人都是跟着茂哥远洋出海，从贫穷的渔家少年，成长为驾驶大型渔船的船长。"

2021年4月，王书茂出任潭门村党支部书记。依托国家对海洋渔业政策的扶持，他开始谋划建设"海洋牧场"，希望把传统渔业文化也打造成旅游项目。他还筹划在潭门建一个大型补给站，让大吨位的渔船补给更方便、快捷。

如今的王书茂，仍然奋斗在第一线，从不因自己年纪大，把苦活累活都交给年轻人干。他的身影依旧活跃在民兵连，活跃在训练场，活跃在渔船和码头上。他积极推进上岸渔民补贴与就业安置工作，解决渔民后顾之忧。他抓住乡村振兴的契机，大胆引进项目资金，努力打造具有"渔业风情"的美丽新渔村……

随着休渔期结束的日子越来越近，渔港开始变得热闹起来。潭门码头上，渔民们正在为开海做准备：检修机器设备、整理渔具、补充物资……一艘艘船来回穿梭，机器的哒哒声、船工的吆喝声、岸上的欢笑声此起彼伏，整个码头犹如过年一般的热闹。此情此景，王书茂由衷感慨：大半生的奋斗，图的不就是这样繁荣热闹的渔家光景吗？

王书茂从一个初出茅庐的渔家小伙，成长为一名阅历丰富的老船长。别人对他的称呼也从"茂哥"变成了"茂公"。可他为祖国守南海的决心却丝毫不动摇。放眼未来，66岁的王书茂言辞中透着无限温情："耕好祖宗留下的'责任田'，守好祖国的南大门，作为一名有着26年党龄的老党员、老民兵，我责无旁贷。我还要再坚持几年，把海上航行知识、航海技术传授给年轻人。只有让乡亲们过上好日子，我才无愧于共产党员的身份。"

王书茂站在甲板上凭栏远眺，宝蓝色的南海浩瀚深邃。这片广袤的海域如此美丽，阳光照下来的时候，仿佛可以穿透天际、照亮心灵。"我的心一直在海上。"王书茂用朴实无华的行动，扛起了一名基层共产党员为国为民的责任担当；用平凡但绝不乏味的人生，书写了一段海上传奇。

（作者为王妮、吴坤哲、宋国强，《人民日报》2022年08月29日20版）

打造寿光蔬菜品牌推动农业产业化的典型代表王伯祥——

改革不可能让所有人都说好

走进亚洲最大的菜市场——山东寿光农产品物流园，南来北往的客商已经很少知道王伯祥，毕竟他离任寿光县委书记已经28年。但这并不妨碍他的"政绩"，成为改革开放40年标志性的成就之一。

2018年12月18日，在庆祝改革开放40周年大会上，作为打造寿光蔬菜品牌推动农业产业化的典型代表，王伯祥荣获改革先锋称号。

抓蔬菜市场建设，抓蔬菜大棚推广，抓寿北开发壮大工业企业……在很多寿光人心中，一副农民模样的王伯祥，还是一位算大账算长远账的县委书记。

司机找书记算账，催生出亚洲最大的菜市场

年逾古稀的王伯祥，清瘦，看上去不苟言笑。

1986年5月，王伯祥担任山东省寿光县县委书记。他清楚地记得前任县委书记李汉三调任潍坊市人大前，握着他的手说："你要撑起寿光这个家。"

拿什么撑起寿光的未来呢？王伯祥想到的还是抓蔬菜流通。

寿光有悠久的农业历史，南北朝时期著名的农学家贾思勰便诞生于此。尤其是寿光南部，气候湿润土地肥沃，适合蔬菜种植。清康熙年间，寿光就有40个蔬菜品种。即便在以粮为纲的年代，寿光人也没丢掉老本行。

田间没有连接市场，寿光人很早就体会到了菜贱伤农的苦涩。1983年，刚刚解决温饱的寿光南部农民，因为单一种植大白菜，结果导致两万五千吨大白菜滞销，只能任其烂在田间地头。

这一年的冬天，时任县委副书记的王伯祥，下班路上从一位哭泣的农民手中买下一整车白菜，一家人吃了整整一个冬天。

寿光北部有一条马路通往胜利油田。背靠这个30万人的大型国有油田，零星的蔬菜市场就在马路两侧自发形成。

"露天设摊贩卖，路就堵上了，司机到了这里就骂领导，骂县委书记。"王伯祥对记者回忆，庆幸当时并没有简单地以交通执法为由，取缔这些路边市场，否则就扼杀了寿光的发展。

为了治堵，也为了给寿光蔬菜寻找出路，1984年8月，在王伯祥的主持下，占地20亩的蔬菜批发市场在一个叫九巷村的地方建成了。

当时的寿光，经销蔬菜要靠国营公司。"实事求是地讲，要牵扯到姓'社'姓'资'的问题，抓市场就必然要发展个体私营经济。"王伯祥回忆说。

在新生的市场，老实巴交的寿光农民，推着一辆小车就能换回一沓钞票，多到能让他们幸福地点上几遍。人流不断涌向九巷，占地20亩的菜市场人满为患。

硬化地面，铺设管道，搭建交易大棚，招收记账员、服务员、经纪人……刚刚担任县委书记两个月的王伯祥，动员全县万名干部职工参与蔬菜市场扩建。第二年，九巷蔬菜市场面积扩大至150亩，交易额达到了1.5亿元。

王伯祥还代表县委县政府向全县发出了"三个百分之七十"的号召：每个部门、每个单位，要拿出百分之七十的人力、百分之七十的时间，每个人拿出百分之七十的精力，参与蔬菜大流通。

举全县人脉资源建设的批发市场，先后与20多个省区市的850多个党政机关企事业单位，建立起稳定的销售关系。

1988年，我国开始实施"菜篮子工程"，以保证居民一年四季吃上新鲜蔬菜，并提出菜篮子市长负责制。彼时的王伯祥，已经带着供销人员，将寿光菜卖到了北京人民的菜篮子中。

到了1991年，九巷蔬菜市场占地达到了600亩。与之相适应，一个四通八达的蔬菜购销网络初步形成。东北的土豆、甘肃的洋葱、江浙的莲藕……寿光人把蔬菜生意做到了"买全国卖全国"。

2009年，脱胎于九巷蔬菜市场的寿光农产品物流园投入使用。如今，行走在这个面积超过280多个足球场，日成交量两万吨的地方，能真切感受到亚洲最大农产品批发市场的气势。

帮菜农算明白账，"长江以北就这17个大棚"

谈起老书记王伯祥，寿光"蔬菜大王"王乐义有说不完的话。言到动情处，老人竖起了大拇指："什么叫担当，这就叫担当！"

同为寿光"蔬菜革命"的关键人物，两人的友谊超过了半个世纪，至今惺惺相惜。

上世纪80年代中期，和广大农村一样，寿光农民吃饱了饭，但是兜里没钱。在寿光县三元朱村，村党支部书记王乐义，正在为村民致富发愁。

村里种过果树，办过食品加工厂，村民嫌来钱慢，不解渴。

新中国成立以前，村里有人当兵去了台湾，脑子活络的王乐义想到了海外关系。

"刚一接触，对方就说当年就是大头兵，到了台湾之后也没搞生意。"王乐义笑着说，这也指望不上。

几经探索，王乐义把目光投向了蔬菜大棚。夏天是草，冬天是宝，种了多年蔬菜的寿光人，自己冬天吃菜都只能靠贮藏。

那时的三元朱村已经建了几个蔬菜大棚，只是冬天需要在棚里生炉子，而且只能种叶子菜，种不出黄瓜西红柿等果菜。

为了改良大棚技术，从1986年开始，王乐义带着村民数次外出学习。

在北京四季青，他们见到了当时国内最先进的温室大棚，但是每平方米一千元的造价，让这些山东农民面面相觑。

王乐义记得一名保安曾对他说，建设大棚的日本专家，晚上还要回日本睡觉。

一次偶然的机会，韩永山的名字和山东寿光联系在了一起。

说来也巧，王乐义的堂弟王新民是经营蔬菜的专业户。他在大连结识了韩永山。这位辽东农民通过参阅国外农技书籍，搞出了冬天不生炉子的冬季暖式大棚，并且通过嫁接技术在里面种出了黄瓜。

看到王新民拿着从韩永山大棚里摘下的黄瓜，王乐义意识到这是一个机会。怀着巨大的诚意，王乐义将一身是宝的韩永山请到了三元朱村，担任冬季暖式大棚的技术指导。

已经退休的农业干部信俊仁，当时是三元朱村的驻点干部，"韩永山就住在三元朱村的村部，村里怕他住不惯，特意买了稀罕的席梦思。"

三元朱村开始筹建冬季暖式大棚，可是建一个大棚需要五六千元，在当时可以说是一笔巨款，干不好怎么办？

关键时刻，一直关注大棚进展的王伯祥找到了王乐义。

王伯祥鼓励王乐义，搞试验要么成功要么失败，成功很好，不成功总结经验再搞，"有什么事情我顶着"。

这一年，三元朱村17名党员，一人"认领"了一个大棚。

1989年8月间，17个新式大棚出现在了齐鲁大地上。年前收了一茬，年后又收了一茬，刨去大棚建设费，一年收入两万多元。

当水嫩嫩的大棚黄瓜上市时，大家对价格举棋不定。有人说2元，有人说3元。王乐义也想了一下说，卖到5元就了不得了。

在农民眼中很懂经济的县委书记王伯祥则豪气地说，"长江以北就你们这17个大棚，依我看，低于10元一斤就不卖……"

有了县委书记帮忙算账，三元朱村信心高涨。

一个三元朱村还不够。当时全县938个村，仅有四个村的存款超过一万元，而三元朱村凭借暖式大棚，收入突破百万元。

王伯祥已经想好大干一场。他组织万人大会，号召向三元朱村学习；让王乐义参加县委常委会，研究冬暖式大棚向全县推广；成立领导小组，组长由王伯祥亲自担任，另外再配两个副县长，保证足够的领导力量；成立和局长一个级别的蔬菜办公室，除了沿海几个乡镇，其余27个乡镇全部搞试点……

王伯祥还聘请韩永山担任蔬菜办公室顾问，这让自认没有文化的老韩非常忐忑。

据韩永山的爱人周万珍回忆，王伯祥对老韩说，不要你的文化，只要你的技术。

值得一提的是，由于很多农民拿不出钱建大棚，王伯祥承诺每个大棚县里补助2000元，按时到位。然后，他亲自跑到银行要贷款。

县委书记找到银行行长，开口就要2000万。因为数目太大，这位行长很为难，要是放出去，谁又能担保全部收回呢？

"我担保行不行？我这个县委书记就不值2000万？"王伯祥问。

1990年，寿光一口气建成了5000多个冬季暖式大棚，除了个别因为火灾"夭折"，其余全部成功。

寿光蔬菜，开始由量向质转变。

算清共同富裕账，寿光不能"半身不遂"

由于想念家人，韩永山产生了返乡的念头。为了留住人才，王伯祥组织召开常委会，决定奖励韩永山现金5万元，50多平方米楼房一套，全家四口迁到寿光"农转非"。

这是一个至今仍被津津乐道的美谈。要知道，王伯祥当时的月工资才107元，11个县委常委中，9个人的配偶都是农村户口。

而当有人提议建一个高档办公楼，改善一下办公条件，或者在全县一万眼机井上加盖机井房，迎接全国水利会议……王伯祥都给怼了回去。

"我们是为多数人干的，不是为少数人看的。"熟悉王伯祥的人知道，这个一副农民模样的县委书记，讨厌往腮上抹粉。

善于替群众算细账的王伯祥，在全县算的是共同富裕的大账。

寿光北临渤海，南抵青州，东衔寒亭，西接广饶。一条弥河穿县而过，将寿光分为南北两块：寿南湿润，土地肥沃，被誉为"昌潍粮仓"；

寿北则是120万亩的盐碱地，开发寿北在当时是老大难的问题。

"南部逐渐富了，北边还有几十万老百姓怎么办？"王伯祥不止一次地说，寿光不能"半身不遂"。

1987年，寿光成立寿北开发规划组，300多名水利、养虾、晒盐方面的技术人员，经过8个月调研完成了可行性规划。

包产到户若干年后，寿光依然组织起了20万人的建设队伍，浩浩荡荡开进寿北的盐碱地。

信俊仁参与了这场从1987年10月开始的大会战：天还没亮，汽车、推土机、拖拉机、马车、小推车，就排满了道路。20万民工扛着工具，潮水般涌向盐碱地。

王伯祥和其他建设者一样，住在工地的窝棚里。县委11名常委中有9名刚好也在工地，常委会索性就在窝棚里召开。

长达45天的大会战，在寿北盐碱滩涂上开发出了15万亩虾池、20万亩盐田，60万亩棉田。

20世纪80年代中后期，国家紧缩银根，很多企业面临贷款难。为了让工业企业快速成长，善于算账的王伯祥把财政局长田效忠请到了办公室："我要把全县的工业税收全免了。"

财政局长吃了一惊，全县两万多张吃财政饭的嘴巴怎么安排？王伯祥一点一滴给他算，老田的眉头才逐渐舒展。

1986年，寿光全县财政收入1亿元，其中盐业税占到六成，工业税仅仅1500万元。增加一点盐税，就能把免收工业税后的窟窿补上。

王伯祥把主管盐业的副县长、盐业公司总经理和税务局长叫在一起，再加上田效忠，"四人小组"南下西进推销寿光盐。

作为"放水养鱼"故事的重要人物之一，田效忠常说，他（王伯祥）

脑壳里有钱。

"这可是我们当年发展工业的秘密武器，一般人不会问，我也不会说。"当记者发现了这个"秘密武器"后，老人居然露出一丝慧黠的微笑。

今年恰逢改革开放40周年，陆续有记者过来采访，希望从这位75岁的老人身上，找到40年发展历程的注脚。

"当年在寿光建蔬菜市场，推广蔬菜大棚，遇到阻力怎么办？"记者问。

"当时寿光发展蔬菜产业，上级也有不同意见，说还吃不吃饭了？我们县委也不听这一套。"王伯祥语气肯定地说。

这位县委书记甚至坦言，"担当"对他来说是一个新鲜词汇。他履职的那个年代，没有所谓的干部免责条款，也不用出台文件激发干部的状态。他理解的担当，就是时时刻刻把老百姓利益放在第一位，"要看大方向，有的干部作风简单一些，只要大方向正确，就要鼓励他。"

为民生算大账的王伯祥，对自己和家人的利益很少顾及。1991年，他升任潍坊市副市长，搬家时有一台补了差价的电冰箱，一张桐木床，几把旧座椅，还有几个塞满被褥的纸箱子，只用了一辆小货车就搬得干干净净。

心直口快敢做敢当的王伯祥，难免得罪人。在寿光期间，曾有部分村民被人鼓动，联名给上级写信，质疑他建设蔬菜市场的合法性，投诉拆迁补贴不到位。

上级部门做了深入调查后认为，寿光走的是一条致富群众的好路子，但是群众工作还要做深做细……

面对"插曲"，王伯祥曾坦言："没有想让所有人都说好。"

（作者为刘荒、黄海波，《新华每日电讯》2018年12月24日06版）

文物有效保护的探索者樊锦诗——

陪伴莫高窟的六十年

六十年一甲子。在敦煌莫高窟，85岁的樊锦诗已工作整整60年。

人们都知道敦煌研究院名誉院长樊锦诗事迹感人、荣誉等身，但她反复说，她没有三头六臂，只是尽了职责，陪了莫高窟一程。"国家把这么重要的遗产交给我们，我们要对得起国家，对得起祖宗，对得起历史。能为莫高窟做事，是我的幸运。"

奔赴与扎根的故事，已经广为传颂。这次，我们想换个角度，用她习惯的、非大而化之的方式，具体谈谈樊锦诗。

出发与回归

"理解樊锦诗，不仅要从敦煌出发。她是当今中国文博考古，乃至历史学的代言人。"

　　　　　　——北京大学教授、中国敦煌吐鲁番学会会长荣新江

樊锦诗的职业曲线，化作一个闭合的圆。

60年前，我国近代考古学奠基人之一的苏秉琦，请即将从北京大学历史系考古专业毕业的学生樊锦诗喝了一杯咖啡。志忐中，她记下了先生的嘱托：做好莫高窟的考古报告，"就像研究历史必看二十四史，研究

石窟也必看考古报告"。这一嘱托，同样来自樊锦诗的业师、我国石窟寺考古开创者宿白先生。

在莫高窟的60年间，樊锦诗的青春年华曾被耽误过，她也因其他工作奔忙过，但却从未忘记老师们的嘱托和自己肩上的责任。终于在73岁那年，她完成了《敦煌石窟全集》第一卷《莫高窟第266—275窟考古报告》，两分册8开780页，仅单册就是无法一手拿起的厚重分量。这也是我国第一份正规的石窟寺考古报告。

与墓葬考古相比，石窟寺考古更为复杂，也更鲜为人知。

从时间看，莫高窟的营造从4世纪至14世纪持续千年。从空间看，735个洞窟里有壁画4.5万平方米、彩塑2000余身。复杂的洞窟结构、庞杂的壁画内容，都是挑战。

"考古报告既是洞窟最全面的资料，也是最科学的档案。考古报告的最高要求是，即使洞窟不存在了，后人还能够依据考古报告对洞窟进行完整复原。樊院长是带着历史责任感和使命感做这项工作的。"敦煌研究院副院长张小刚说。

"没把考古报告做好，我这一辈子到敦煌干什么来了？"这是樊锦诗的信念。她常说，要用历史的态度看考古报告，它不仅是给今天读者的，也要流传后世。留史的东西必须科学、准确、全面，绝不能以讹传讹、误导他人。

——条件不成熟时，她始终蓄力。

樊锦诗曾参加莫高窟南区窟前遗址等发掘清理工作；运用考古类型学的方法，合作或独自完成了敦煌莫高窟北朝、隋及唐代前期的分期断代，这是学术界公认的敦煌石窟分期排年成果。

——条件成熟时，她抓紧出击。

20世纪90年代，随着人才培养、技术储备等条件日趋成熟，编撰考古报告重新提上日程。"《敦煌石窟全集》的编辑出版，可能需要几代人的努力才能最终完成，因此我们没有理由将这项无比重要的工作再次推延。这对我们是全新的工作，一切在探索和尝试中进行。"樊锦诗在序言中写道。

做考古报告，第一个难题竟然是从哪个洞窟做起。

有人提议按洞窟编号顺序做，但洞窟编号来自伯希和、斯坦因、张大千及敦煌研究院编制的行进路线，时代跳跃，并不能反映古代原貌。也有人说挑重点的洞窟去做，但剩下的小洞窟怎么办又成了问题。樊锦诗力倡以洞窟时代早晚为序列，兼顾崖面状况，以大洞窟为主，也收录周边小洞窟。以此规划，《敦煌石窟全集》形成脉络，整体规模恰好为100卷。

"为规模宏大的敦煌石窟编写考古报告，无疑是一项浩繁、艰巨、长期的工程。樊锦诗从'洞窟开凿的早晚和它的排列顺序有极密切的关系'这一认识出发，依据多年来对崖面遗迹的考察和对断代分期研究成果的反复推敲，形成了分卷编写规划，从而让这项长期工程能够有序地、可持续地进行下去。"敦煌研究院党委书记赵声良说。

第二个难题是如何详尽描述。

"很多人不理解为什么考古报告要做这么久。但不做考古报告，根本没法理解其中的工作量和复杂程度。"张小刚说。

在莫高窟第275窟南壁，仅菩萨就有39身，衣冠服饰基本相同，但姿态手势各异。为了详尽介绍洞窟情况，考古报告里逐一进行了描述：

西起第一身，上身稍侧向左。双臂屈起，双手举至面前合掌持花枝。绿色帔巾。红色裙。红色头光。

第二身，上身稍侧向左，稍向左出胯。双臂屈起，双手举至面前合掌持花枝。黑色帔巾。土色裙。绿色头光。

……

这仅是考古报告中的一个微小细节。洞窟的外立面、结构、内容等，皆须收入其中。

面对千姿百态的壁画形象，樊锦诗也常常写到词穷：既要描述共性，也要写出差异；不细致就会漏掉信息，过于详尽又会繁琐。但她说："考古报告是每个考古人最基本的工作。好看不好看，都得原原本本记下来。搞研究必须静下心来做，板凳不怕十年冷。"

第三个难题是如何准确呈现。

经过长期的思考探索，樊锦诗深刻认识到，考古报告不只涉及人文社科，更要文理交叉、运用多学科资料全景展现。文字用于综合描述，测绘侧重科学数据，图片解决形象色彩问题，三位一体的考古报告行文方式逐渐形成。这也为我国石窟寺的考古报告撰写，提供了新范式。

光是测绘，就想了很多办法。早期是手工测绘，后来引入了全站仪，但准确性始终不足。为了缩小误差，樊锦诗去德国出差时，还专门给做测绘的同事带回出墨更均匀的钢笔头。2005年前后，樊锦诗带着考古报告样书去请教考古大家。回到敦煌后，她决心推倒重来，"既然要做，就要做好"。

樊锦诗始终关注新技术。为提高精准性，她找来一家美国的基建工程设计公司，试水三维激光扫描测量技术。这在考古界还是头一次，很多专家起初并不认可，但樊锦诗坚持这样做。经反复探索，考古需求与激光技术终于有机融合。精确的测绘数据与CAD等制图方法结合，实现了良好效果。平面图、剖面图、立面图等让读者清晰了解洞窟空间。如今，三维激光扫描测量技术广泛应用在各地的田野考古中。

2009年，新版样书出来后，樊锦诗又带去给专家审阅。出差法国时，她没带几件衣物，只为在箱子里装下又大又沉的考古报告，请外国同行看看。

2011年，樊锦诗与团队合作完成的第一卷考古报告正式出版。

国学大师、敦煌学大家饶宗颐先生评价这份考古报告："既真且确，精致绝伦，敦煌学又进一境，佩服之至。"

如今，历时10余年编写、30多万字的《敦煌石窟全集》第二卷《莫高窟第256、257、259窟考古报告》出版在即。

与樊锦诗一并参与考古报告撰写的敦煌研究院考古研究所馆员王娇说："樊院长有着做研究做到底的精神，大量搜集资料、反复比对研究才会提出自己的结论。但她不以权威自居，和我们讨论、听取我们的意见，总想着培养年轻人，为年轻人的发展考虑。"

"我相信事情是一棒接一棒地做。我做了我的这一段，现在能做一点是一点。我期待并且相信年轻人会做得更好。"樊锦诗说。

开创与坚守

"君子不器。真正有才能的人，会随情况变化、会透过问题，去发现本质规律，寻找解决办法。樊锦诗对文化遗产的有效管理，对敦煌研究院事业进步起到了十分重要的作用。"

——敦煌研究院院长苏伯民

从1975年担任敦煌文物研究所副所长，到2015年初卸任敦煌研究院院长，樊锦诗从事管理工作整整40年。

"当'头头'不是要做官，而是要发现问题、研究问题、解决问题。作为管理者，是个人写文章重要，还是敦煌研究院、敦煌莫高窟重要？当然是后者。为此，我一定程度上牺牲了个人业务。"樊锦诗说。

赵声良说，面对莫高窟这一世界文化遗产，樊锦诗有一种强烈的历史责任感。她认为，针对敦煌石窟的具体问题做学术研究，过几年做也可以，交给下一代研究也行。但是莫高窟如果保护不好，就会酿成不可挽回的后果，石窟保护是头等大事。

很多国内外专家学者，都对带队伍的樊锦诗有一个共同评价：了不起。

"樊院长个头不高，但视野非常开阔。也正是常年在敦煌研究院领导岗位上，她对敦煌学有了更广阔的认识，对石窟保护做出了巨大贡献，对敦煌事业发展做出了很多有前瞻性的设计。"荣新江说。

1985年至1986年，敦煌莫高窟开展申请世界文化遗产工作，樊锦诗是申遗负责人。

"开始我也不太懂为啥申遗。填写材料的过程，给了我莫大刺激，世界文化遗产可是了不得的事儿！"一方面系统梳理莫高窟的地理位置、历史文献、文物价值、研究成果等，让她进一步看清了莫高窟的价值。另一方面，学习有关文化遗产保护的国际公约，让她了解了文物保护利用的先进理念。

"樊锦诗很早就敏锐地认识到科学管理的重要性。先进做法与莫高窟实际结合，给莫高窟的保护工作提供了很强的指导。"苏伯民说。

1987年，莫高窟被联合国教科文组织世界遗产委员会批准列入世界文化遗产名录。世界文化遗产有6项标准，只要符合其中一项即可。"莫高窟6项标准全都符合，价值特别高。我心想，我一定要把工作做好，让莫高窟的保护管理真正符合世界文化遗产的要求。"樊锦诗说。

一系列开创性的探索就此开始：

——"永久保存、永续利用"的数字敦煌。

樊锦诗对比1978年与1908年拍摄的莫高窟照片，发现有的部分残缺了，有的部分模糊了。"我就想，再往下发展下去，慢慢全部没有了怎么办？照片会变黄、胶片会变质、录像会消磁，有没有什么好办法能让壁画永久保存？"

20世纪80年代末，樊锦诗去北京出差，偶然看到有人在电脑上展示图像。"当得知图像数字化后储存在电脑中就可以永远不变，我脑洞大开。如果为敦煌石窟建立数字档案，文物的历史信息岂不就可以永久保存了吗？"樊锦诗说。

敦煌研究院的文物工作者先自己试了近10年，但不行。20世纪90年代末，他们开始与国外专家合作，在洞窟架设轨道正投影移动拍摄，再进行图片拼接。从用柯达胶卷拍照带去美国洗照片，到利用高保真数字相机拍摄，原本笨重的轨道也变得轻便，拍照也实现了手动与自动结合。

"从提出构想到真正做成高保真的数字档案，我们花了20年。"樊锦诗说。

"她始终在关注和运用全世界最先进的技术来保护莫高窟。在她眼里，只有最好的科技、一流的保护方法才配得上莫高窟。"樊锦诗自传《我心归处是敦煌》的撰写者、北京大学教授顾春芳说。

截至2022年底，敦煌研究院完成了278个石窟的数字化数据采集，164个石窟的图像处理，162个石窟的全景游览项目。

——平衡保护与旅游开放的新模式。

莫高窟1979年开放旅游时，每年的游客接待量不到2万人次。从

1984年到1999年的15年时间，游客接待量增长了10万人次。过了3年，又增长了逾10万人次。樊锦诗意识到，在西部大开发、旅游大发展的背景下，游客增长速度将进一步加快。

莫高窟知名度大而容量小。现存735个洞窟中，窟内面积在13平方米以上、病害较轻且适宜开放的只有112个。旅游高峰期，樊锦诗同游客一起挤进洞窟，"往前看是脊梁骨、后脑勺，往上看是窟顶"。

"洞子看坏了绝对不行，不让游客看也不行。我花了2年时间想这个事。说到底，要控制游客数量，还要让他们看好。我们就做游客承载量研究，搞很细很细的调查。"樊锦诗说。

"她做决策前，会把每一个具体问题都研究透，要查资料就查到底。她的办公室有一面墙的文件资料，有时需要把整个柜子的资料都搬出来看。"甘肃省文物局局长程亮说。

洞窟的温度、湿度、游客接待量、洞窟病害等指标勾勒出洞窟的健康状况。模拟试验进一步精准掌握了游客进入洞窟前后的环境变化。线上预约、网上支付、应急参观等新手段不断引入。

2014年，倾注樊锦诗十余年心血的莫高窟数字展示中心落成。游客在这里观看数字电影了解敦煌的前世今生，再统一乘车十余公里进入莫高窟窟区参观。确定承载量、有序调节客流，既缩短了游客在洞窟的停留时间从而更好保护文物，也以多元的参观体验让人们了解了莫高窟的价值。

莫高窟管理与旅游开放的创新模式，获得联合国教科文组织世界遗产委员会的认可，称其是"极具意义的典范"。

近10年的实践，早已使得"不让游客参观洞窟""花钱盖电影院"等争议声烟消云散。不落伍、仍超前的数展中心，回应着樊锦诗的远见和苦心。一个落成仪式上的细节令人至今难忘：樊锦诗说，建设数展中心很不容易，请大家进去前，先在地垫上蹭蹭鞋。

加强国际合作、推进科学保护、持续培养人才……敦煌文物事业快速发展。

开创的另一面是坚守。这一面也更艰难、更了不起。

莫高窟是旅游胜地，更是文化圣地。

20世纪90年代，莫高窟差点被"打包上市"；后来，又有人提出要将莫高窟与周边景点"打包"建成大景区……

"她对事情有着正确性的判断和坚持，敢于提出不同意见。面对旅游增收冲动，她觉得不能这么做，首先要把莫高窟保护好。"苏伯民说。

博弈之中，樊锦诗一次次顶住巨大压力，到处奔走游说，去一遍遍向各方面解释莫高窟的巨大价值与唯一性，坚定地守住了老祖宗留下的、举世无双的宝藏。对这些，樊锦诗总是一语带过。极少有人知道，2014年的巨大压力曾让她焦虑到彻夜失眠，至今每天都靠吃安眠药入睡……

樊锦诗说，莫高窟的保护不能零敲碎打，不能"头疼医头、脚疼医脚"，必须有全局的观念、长远的规划。为了莫高窟的长治久安，她持续推动法治化、制度化。

2003年3月1日起施行的《甘肃敦煌莫高窟保护条例》，标志着莫高窟的保护走向法治化轨道，这也是我国文物保护的第一个地方性法规。条例规定，敦煌莫高窟的保护，应当坚持"保护为主、抢救第一、合理利用、加强管理"的方针。

《敦煌莫高窟保护与管理总体规划》则科学评估了莫高窟的价值和现状，确定了原则、目标、措施、程序，对工作形成很强的指导。经国家文物局批复同意、甘肃省政府发文公布的《敦煌莫高窟保护总体规划

（2006—2025）》，至今已完成了95%的工作内容。

"世界文化遗产的保护和管理，并不完全是一个理论问题，更是一项实践工作。樊锦诗在对莫高窟长期的保护管理实践中，提出了很多富有前瞻性的宝贵看法，形成了依据法律法规进行遗产保护管理的思路。强调保护工作的长远规划和可持续性、引进国际合作机制、运用先进的科技成果等思路，都为我国文化遗产保护理论提供了重要参考。"赵声良说。

传承与烛照

"千做万做，学做真人。樊锦诗很纯粹，纯粹就是美。她赋予他人一种精神的光照。"

——北京大学教授顾春芳

身居大漠，樊锦诗何以有这样的独到眼光和强大气魄？这也许与她的经历有关。

她生于北平（现北京），父亲是毕业于清华大学的工程师。她在上海愚园路的公寓里成长，喜欢逛博物馆，最崇拜的人是居里夫人。

在北大，她浸润在浓郁的学术氛围中，受教于一流学者。爱国进步、民主科学的传统和勤奋严谨、求实创新的学风深深感染着她。"我做事受到这个影响，不是脑袋发热就做，要求实严谨、好好论证。"

到了敦煌，一批批兼具情怀、担当与学识的前辈为她引路。常书鸿、段文杰、史苇湘、欧阳琳、霍熙亮、孙儒僩、李其琼……樊锦诗逐一罗列了20余位前辈的名字。20世纪四五十年代，毕业于高等学府的他们，舍弃大城市的生活来到戈壁大漠，成了"打不走的莫高窟人"。

"没有老先生们的开创，没有他们的长期坚持，就没有敦煌文物事业的不断发展。苦都让老先生们吃了。他们中的绝大多数人都走了，我们不该忘记这些人。"樊锦诗说。

敦煌，也让她结交了一大批对文化遗产怀有赤诚热爱的国内外友人。2016年，在与敦煌研究院合作逾25年时，美国盖蒂保护研究所在洛杉矶举办了一场敦煌特展，同期举办了超过300人的大会。"很多人都冲着樊锦诗来。她到场后，是持续、热烈的掌声，十分轰动。"荣新江回忆。

丈夫彭金章给了樊锦诗倾力支持。两人是北大同学，毕业后樊锦诗远赴敦煌，彭金章则来到武汉大学，参与创办了考古学专业。原定3年后樊锦诗回去，未曾想两人分隔两地达23年之久。期间，彭金章承担了育儿等大部分家庭责任。

1986年，彭金章调往敦煌，"按传统，女的跟男的走，但我选择跟她，又怕什么呢？"樊锦诗则说，像老彭这样的丈夫"打着灯笼也难找"。

从武汉大学到敦煌研究院那年，彭金章49岁。对一个学者来说，那正是学术成果涌现的黄金期。彭金章放下了主业商周考古，从零开始了莫高窟北区考古，这成为樊锦诗一个很大的心结。直到2000年后，3卷本《敦煌莫高窟北区石窟》以及《敦煌莫高窟北区石窟研究》等成果出来，樊锦诗心里的石头才算落了地，"没有让他在事业上留下空白"。

也许，正是这些，长久地滋养着樊锦诗。而樊锦诗其人其行，也不断地滋养着他人。

——她既节俭，又大方。

樊锦诗住的是莫高窟旁60平方米的房间，喝酸奶一定要用水涮喝干净，去酒店会把已开封没用完的香皂打包带走。

"她出差时不让人陪同，哪怕一人拿两大箱子书。她去北京就住在景山后街一个半地下室的宾馆，一天152元，喝水要自己拿热水壶接，电视也不知道是哪里淘来的。但房间很干净，也安静。每次吃饭也一定是樊院长买单，她要来发票，再当着大家的面撕掉。"程亮说。

"樊院长至今睡的还是刚工作时单位分的木床板。刚开始是单人床，后来拼成了双人床。家里都是书，几乎没有多余的家具。"敦煌研究院团委书记许强说。

20多年来，她每年都向中国敦煌石窟保护研究基金会捐款。2020年，她通过妇联匿名向武汉捐资8万元，为抗击疫情的女性医务工作者购买卫生用品。

2023年，她将获得的两笔奖金"吕志和奖—世界文明奖"2000万港元、"何梁何利科学技术成就奖"100万港元，以及自己的一些积蓄，全部捐给了北京大学和敦煌研究院。

起初，樊锦诗计划捐款时，周围人让她征求下家人意见，把奖金一分为三，北大、研究院、家人各一份。樊锦诗与家人商量后，决定不自留，将奖金分两份全部捐出。

——她既严厉，又温情。

樊锦诗对待工作标准高、要求严，很多具体的小事都要亲自抓，写材料细盯字句，还会去窟区捡烟头、刷厕所。

起初，她严厉的作风让很多年轻人见她就紧张，还有人因挨骂流泪。但他们又说，樊院长对事不对人，对大家一视同仁。接触多了，收获的全是进步与成长。

在生活上，樊锦诗很关心他人。谁家里有了困难，樊锦诗都会偷偷送些钱，给予帮助。暑期是莫高窟旅游的旺季。樊锦诗知道在酷暑下奔忙的讲解员很辛苦，拿出一两万元给他们买点好吃的。"很多事儿她都是悄悄干的，不让大家知道。"许强说。

顾春芳说，在校对《我心归处是敦煌》的过程中，樊锦诗几乎一个字一个字看，特别是对知识性的表述，要求做到"零问题"。两人一起出差去法国，得知她钱包被偷后，需要先行回国开会的樊锦诗很不放心，临行前悄悄在她看的书里留下了一摞钱，"300欧元，她可能把身上的钱都给我了"。

——她既朴素，又讲究。

她穿衣简朴，衣服一穿就是十几二十年，甚至结婚时的衣服都在。大多数时候都是黑白灰的中性服装，背的包全是会议发的布袋子。八十有余，她不请保姆，贴身的衣物都要自己手洗。

樊锦诗也爱美。买衣服很挑，彭金章的衣服也要她亲自选。"国家荣誉称号"颁授仪式那天，她精心挑选了一件暗红色对襟盘扣的丝绒外套。2000年前后的老照片里，在重要场合，她常穿一身很合体、面料很好的格子套裙，微笑着。

今天的樊锦诗，无疑是人尽皆知的公众人物。但她始终觉得，自己只是莫高窟的陪伴者，更为重要的是国家的重视、时代的机遇、前人的努力、同志的支持。

60年来，她初心不悔，静静守望在莫高窟旁。而今，在距地球4亿多千米的地方，一颗以她名字命名的小行星"樊锦诗星"，也在浩瀚天宇中静静运转、静静闪光。

（作者为张玉洁，《新华每日电讯》2023年07月09日04版）

城市集体企业改革的先行者步鑫生——

背影不曾远去

步鑫生，20世纪80年代，这个名字响彻大江南北：解放思想、大胆改革、努力创新，打破"大锅饭"制度，成为一代企业制度改革和企业家创新精神的典范。

几经浮沉，红极一时的改革典型如一颗耀眼的流星，倏忽消逝在时代的天空。谈及那段峥嵘岁月，有人激情满怀，有人唏嘘感慨，有人颔首沉思。

正值改革开放45周年、全面深化改革10周年之际，现代企业制度和社会主义市场经济体系已经日趋成熟，当我们穿过历史的烟云，回望这些改革者的背影，这个具有独创精神的"改革先锋"有什么样的时代意义？先行者留下的精神财富给当下还能带来什么样的启示？记者带着问题，找寻答案的拼图。

改革，时代呼唤的方向

在浙江海盐县一处喧闹的居民小区里，一块形似风帆的大石无言伫立。

"海盐衬衫总厂厂址纪念碑"，石头名下，寥寥百余字记录了曾在这块土地上发生的历史变迁。文末，一张原海盐衬衫总厂厂景的褪色照片，和大石自2010年树立后经年累月生长的青苔，平添些许岁月的纵深。

若非特别留意，这块地理位置并不醒目的石头很容易让人忽略。但石头上记载的历史，和曾真切发生在此处的、在彼时轰动全国的人和事，并不随厂址拆迁而被磨灭，它将永久地镌刻在改革开放历史进程中，闪耀出光芒。

20世纪七八十年代之交，那是一个春潮暗涌的时代。伴随着海盐衬衫总厂更名而横空出世的，还有厂长步鑫生。

"一辆从上海开来的长途汽车，沾满尘土在海盐站停住。车门打开，一位个子瘦小的中年人，肩扛一个大包袱，匆忙地走下车来……"当时媒体一篇报道中的几句描写，让改革者步鑫生的形象跃然纸上。

曾任海盐衬衫总厂副厂长的冯海春回忆，接手工厂时，分配制度不完善导致工人出勤率低、效率低下，市场经济尚未完全破局，打不开市场导致库存积压……一项项现实问题横亘在步鑫生面前。

岂止是海盐衬衫总厂，当时，大多数企业都面临着类似的困难。"在改革看似要进入'倒春寒'的八十年代初，步鑫生的出现犹如一声炸雷，改变了沉闷的改革气氛。"浙商研究会执行会长、改革开放史研究学者胡宏伟说。

上任后，步鑫生带着彻底改变旧制度的决心，大刀阔斧地开始了他的改革：

——砍掉"大锅饭"分配制度，实行"实超实奖，实欠实赔，上不封顶，下不保底"；

——改革劳保福利制度，推行"有工才有钱，有劳才有保"；

——砍掉"铁饭碗"制度，开除严重影响生产秩序、屡教不改者，不顾产品质量、态度恶劣者……

石破天惊的改革举措，一石激起千层浪。在冯海春看来，当时社会上已经有了改革的共识和意愿，而步鑫生正是那个推开改革大门，让万千后来者得以奋勇前进的"推门人"。

"他最大的贡献和难得之处，在于勇敢地打破官僚主义、教条主义、形式主义等与发展不相适应的条条框框。"冯海春说。

改革的成效立竿见影。1983年，该厂成为海盐县首家产值超千万元的企业、浙江省最大的专业衬衫厂；到1985年，全厂职工已经超1000人。

狂飙突进式的发展，也一度让步鑫生失去了方向。由于盲目扩张产能和产品线，加之经营不善等原因，海盐衬衫总厂逐渐没落，步鑫生也被免去厂长职务出走他乡。但英雄并不单纯以最终的成败而论，2018年，步鑫生以"城市集体企业改革的先行者"的身份，被党中央、国务院授予改革先锋称号。

"充满争议的步鑫生无疑不是一个完美的改革者，但他的出现是改革关键时期的时代呼唤，他并不只代表他个人，而是那个特殊时代的缩影。"胡宏伟说，正因如此，步鑫生身上所具有的锐意进取精神，才能跨越时空映照当下，引领更多改革者勇于探索。

奋斗，永不"躺平"的激情

与步鑫生同为海盐人，浙江友邦集成吊顶股份有限公司董事长时沈祥总是忘不了这位指引他走上创业之路的前辈。

40年前因机缘巧合，他曾在海盐衬衫总厂听过一场步鑫生的演讲。"演讲不仅激情澎湃，他提出的厂歌、厂标、品牌这些全新的理念让我大开眼界，给我留下了深刻的印象。"

如今，凭借一直以来对创新的执着追求，时沈祥开发了集成吊顶技术，开拓了一个全新的行业，也带领企业发展走上"快车道"。"在步鑫生身上，我学到一个企业家敢闯敢拼的精神，这种精神无论在什么时候都弥足珍贵。"时沈祥说。

任何辉煌都绝非凭空得来。如果说改革举措的提出，开启了海盐衬衫总厂快速成长的可能性，那么让设想真正落地、行之有效，离不开步鑫生亲力亲为创品牌、做产品、跑市场。

1978年以前，海盐衬衫总厂一直承担商业部门的加工任务，持续20多年变化不大。"温水煮青蛙"的困局中，有时经济困难得连退休工人退休金都发不出。

这样下去企业没有出路！步鑫生从亲身经历中知道，长期依靠商业部门"包销"，不了解市场情况只能听任别人安排。1979年开始，他创立"双燕牌""三毛牌"等品牌产品，同时派人常驻上海，研究上海衬衣的款式、花型变化，设计新款衬衣到市场试销，并根据试销情况，从中挑选最畅销的品类投入市场。

通过市场调研，从实际出发制定营销模式，这一创举吸引了全国各地驻上海的采购员到海盐看样订货，但步鑫生并没有就此满足。他进一步在各地举办展销会和请服装店特约经销的办法，把产品销往了全国20多个大中城市。

持续推出有核心竞争力的产品是企业获得长久发展的关键，这条在什么时代都颠扑不破的道理，步鑫生同样深谙其含义。曾任海盐衬衫总厂副厂长的卢寿筠说，在传统产品看似遇到销售瓶颈的时候，步鑫生舍得大投入进行研发，推出防静电衬衫，再一次打开了产品销路。

从原料到设计，再到裁剪生产……在位于海盐县的步鑫生改革精神陈列馆，记者看到模特身着当时海盐衬衫总厂的产品，时至今日仍不显过时。

卢寿筠回忆，步鑫生不仅对产品质量有着近乎严苛的要求，同时他对企业也有着"爱厂如家"的强烈责任心，"工厂里哪棵树上有虫子，他甚至比园丁发现得更早"。

海盐县史志办原副主任林坚强认为，作为一个企业的当家人，步鑫生身上具有穷则思变的勇气、敢为人先的胆识、知难而进的斗志、永不言败的坚韧，这四种精神，在企业遇到逆境和挑战时尤为需要。

"面对变乱交织的外部环境，企业家要带领企业战胜当前的困难，走向更辉煌的未来，就要永葆奋斗之志，不轻言放弃，不甘于'佛系''躺平'，不断创新突破，让企业家精神熠熠生辉。"浙江大学文科学术咨询委员会主任史晋川说。

韧性，经历风浪的底气

刚刚召开的中央经济工作会议分析指出，我国经济还面临有效需求不足、部分行业产能过剩、社会预期偏弱、风险隐患仍然较多，国内大循环存在堵点，外部环境的复杂性、严峻性、不确定性上升等困难和挑战。

爬坡过坎，关键是提振信心。越是面临考验，越要向改革要动力、向开放要活力。

"现在回过头看，改革开放从来不是一帆风顺的，曲曲折折，来来回回。改革本来没有路，是一块块铺路石铺出来的，我步鑫生也就是其中的一块。"步鑫生曾经感慨。

声名鹊起后的步鑫生迅速成为全国典型。1984年，短短2个月，全国各地到海盐衬衫总厂参观人数达2万多人。海内外记者闻讯赶来，探讨"大锅饭""中国懒汉"等"改革锐话题"，步鑫生在厂里接待室举行招待会，侃侃而谈。

盛名之下，步鑫生选择了并不符合实际的再发展道路。1985年，迅速发展的海盐衬衫总厂购买了年产30万套的西装生产线，但生产线建好时，国内的"西装热"已然散去，产品的滞销使得工厂很快资不抵债。1988年1月，步鑫生被免职，他的闻名如一声惊雷起，却也如流星般短暂。

然而，这位改革先锋的创业激情并未因此褪去，其改革精神从未消逝。

离开海盐后，步鑫生先后到北京、辽宁盘锦、河北秦皇岛等地创业。此时的他憋着一股劲，"好企业请我，我不去，亏损企业我才去"。在再创业过程中，他凭着独有的韧劲和不服输的倔强，狠抓质量、修改制度、破格提拔能人，使得三个濒临倒闭的企业扭亏为盈。

只是，他再也没能重现海盐衬衫总厂当年的辉煌。

"在低谷时奋进，更加凸显了步鑫生的追求和韧性。"在原海盐衬衫总厂工会副主席赵荣华看来，步鑫生留给后人的遗产并不是常青的企业或巨额的财富，而是以其坚忍不拔的改革精神启迪和鼓舞了一大批同时期的改革者、创业者，成为他们前行路上的指明灯。

历史始终会垂青那些锐意进取、从不言败的勇士。

在持续的变革中，中国的企业家队伍练就了准确识变、科学应变、主动求变的本领，帮助他们从危机中捕捉和创造机遇，面对各种"不确定性"时保持"确定",并在新的发展格局中登高望远。

如今的神州大地,经济韧性强、潜力足、回旋余地广,长期向好的基本面没有变也不会变。在改革开放45周年、全面深化改革10周年之际,中央又为明年经济提出"稳中求进、以进促稳、先立后破"的总基调。这将让各方面优势和活力更加充分激发,让"企业家的歌"更加嘹亮!

(作者为邬焕庆、商意盈、魏一骏、唐弢,《新华每日电讯》2023年12月19日08版)

航母战斗力建设的实践探索者戴明盟——

为航母事业加力奋飞

南海上空，战机尾流掀起炽热的空气。此刻，置身机舱，他仿佛身处另一个世界，娴熟的动作，传递着满满的自信。

巨大的轰鸣声中，他驾驶战机以堪称完美的姿态完成空中训练，平稳降落在跑道上。

他，正是我国航母舰载机着舰第一人——戴明盟。

炎炎夏日，这名先后驾驶和试飞16种机型的飞行"老将"，仍然奋战在飞行一线，为我国航母事业发展加力奋飞。

"航母舰载机事业，靠一个人不行，靠一代人也不行。 我们必须跑好属于自己的这一棒"

去年深秋，渤海某海域，航母甲板上"鹰起鹊落"，歼–15战机穿梭不停。戴明盟看在眼里，怦然心动。

让他怦然心动的是，这些面孔如此年轻——驾机着舰的是海军首批"生长模式"舰载战斗机飞行学员。

这群平均年龄20多岁的年轻人，实现了舰载机飞行员的梦，标志着舰载战斗机飞行员选拔培养模式，由从飞行部队选拔优秀陆基飞行员的"改装模式"，转轨为面向社会招收飞行学员、择优遴选进行舰机融合培养的"生长模式"。

"飞得真棒!"目睹每一架次着舰、起飞,戴明盟都情不自禁地竖起大拇指。

作为我国第一位成功着舰的航母舰载战斗机飞行员,如今的戴明盟还有一个身份:海军舰载机飞行人才培训工作检验评估组组长。

在完成1300余项指标检验评估后,戴明盟和检验评估组其他成员,记录下航母舰载机事业新的历史:首批"生长模式"舰载战斗机飞行学员通过着舰资质认证,创造了单批认证人数最多、平均年龄最小、训练时间最少、生长周期最短等多项历史性突破。

"你知道吗?我第一次着舰时,已经41岁了……"采访中,戴明盟的话意味深长。

从一个人到一群人,舰载机飞行人才队伍建设大步跨越的背后,浸透着戴明盟和战友们的心血。

"航母舰载机事业,靠一个人不行,靠一代人也不行。我们必须跑好属于自己的这一棒。"戴明盟说,航母要真正形成战斗力,必须培养出一批成熟的舰载机飞行员。

第一次着舰成功后,戴明盟便把目光投向了更远的航线。成立飞行教员组、制订方案、编写大纲、整理教材、讲授理论、模拟器带飞……他们开始了成批培养舰载机飞行员的艰难探索。

这是一条前无古人的路。作为海军首位LSO(中文意为"航母舰载机着舰指挥官"),戴明盟在"一张白纸"上书写着新的传奇。

在新飞行员心中,戴明盟不仅是领导,更是兄长。为了他们能早日成功着舰,戴明盟殚精竭虑。

在一次围绕舰载机新飞行员训练方法的讨论中,为了节省改装时间,戴明盟提出一个大胆的想法。有人表示反对，理由是技术上的风险太大。

"航母形成战斗力刻不容缓，新飞行员培养一天都不能等，我有试飞资质，技术上的风险我来解决！"一向低调内敛的戴明盟，此刻却寸步不让。

双方争得面红耳赤。最终，戴明盟的提议被采纳。新飞行员培养周期再次被缩短。

眺望海天，戴明盟欣喜地告诉记者，在不久的将来，将会有更多"刀尖上的舞者"叱咤在更广袤的海天间。

"英雄从来不是从天而降的。
他是以生命作抵押，在一次次与危险的较量中闯出这条路"

有一幅画面，让戴明盟永生难忘；有一种温暖，让戴明盟热血沸腾——

2013年8月28日，习主席冒雨视察海军某舰载机部队。按照计划，戴明盟将进行一次陆基滑跃起飞和阻拦着陆训练。

雨，越下越急。戴明盟眼前的座舱玻璃上，雨幕宛如一道水帘。

风，越刮越猛。雨帘，被风吹开了一条缝隙。戴明盟勉强辨认出跑道上的那条黄线。

"怎么样？"通过电台，塔台指挥员问戴明盟，"飞不飞，你自己定。"

"飞！"戴明盟没有丝毫犹豫。战机加速，呼啸升空。盘旋，俯冲……不久，戴明盟驾机在风雨中呼啸着急速触地、成功挂索。

"那天，习主席勉励大家再接再厉、深入钻研、勤学精练，早日成为优秀的航母舰载机飞行员。"从战友们口中，戴明盟还了解到一些细节：战机准备阻拦降落，习主席身体前倾，全神贯注地紧盯着下降的战机，直到挂索成功。这期间，雨下个不停，但习主席一直没有打伞。

"每每回忆起这些细节，我们都深切感受到习主席对舰载战斗机部队加快新质战斗力建设的殷切期待！"戴明盟动情地说。

受命之日，则忘其家；击鼓之时，则忘其身。带着嘱托和梦想，戴明盟和战友们在无畏和坚韧中负重前行。

试飞阶段的一天，戴明盟驾驶战机，轻盈起飞。

突然，战机像脱缰的野马，顷刻间失去控制。戴明盟下意识地往上拉操纵杆，飞机出现延时反应，产生剧烈的俯仰震荡。塔台上，所有人都大惊失色。

这是一个从来没有出现过的险情。此时，人的本能反应是紧紧控制操纵杆，而越控制，飞机震荡就越大，随时都可能机毁人亡。

危急关头，戴明盟冷静应对，判断故障原因，放松操纵控制。战机逐步回归正常，安全着陆。

第一次模拟定点着陆、第一次冲索试验、第一次阻拦着舰……舰载机事业起步时，几乎所有的"第一次"，都是戴明盟冲在最前面。

每一个"第一次"，都是对生理和心理的巨大考验，但戴明盟一次次挺过来了。

极限偏心偏航阻拦试验是试飞第一阶段最危险的课目。面对风险挑战，还是戴明盟首飞。

第一次试验，戴明盟飞机成功挂索。现场指挥员要求苛刻，让他再来一次，偏心更大一些。

戴明盟二话没说，驾驶战机以200多公里时速向着极限角度冲刺。一组新的歼-15战机阻拦试验数据诞生了。

与惊险的着舰相比，被称为"航母style"的起飞似乎潇洒得多——14°仰角滑跃，机身划出一道漂亮的弧线。

但实际上，舰载机飞行员看到的起飞情景却完全不同。"由于甲板滑跑距离短，需要尽快把飞机加到起飞的速度。我们看到的起飞甲板，根本不是14°的斜面，而是一扇迎面扑来的钢铁巨墙。"戴明盟说，"每次起飞感觉都像是在撞墙，胆小的人开不了舰载机。"

重重危险中，戴明盟不仅蹚出了一条路，还在全力拓展。他说："一个国家和民族要生存发展，不可没有雄风锐气；一支军队要打胜仗，不能没有铁骨血性。"

"英雄从来不是从天而降的。他是以生命作抵押，在一次次与危险的较量中闯出这条路。"一位战友说，"如果问军人的血性是什么，戴明盟用他的实际行动作出了最好回答。"

"面对茫茫大海，常会让人搞不清自己身在何处。但军人必须要以清醒的坐标系来思考"

戴明盟又出海了。

"面对茫茫大海，常会让人搞不清自己身在何处。但军人必须要以清醒的坐标系来思考。"戴明盟说。

2006年，戴明盟被选拔为首批航母舰载战斗机试飞员。

那时，歼-15战机还只是一架没有编号、没有标志，全身涂满黄漆的试验机。试飞机场还在建设中，只有跑道和简易塔台。

就是在这样的环境中，戴明盟和战友们一步一个脚印地向前摸索，慢慢敲开了舰载机事业这扇厚重的大门。

6年后，中国第一艘航母辽宁舰正式入役海军序列，戴明盟驾驶舰载机在辽宁舰上"惊天一落"，实现了我国固定翼飞机由"岸基"向"舰基"的历史性突破。

"那6年，我们飞出了一个梦想。未来6年，我们要向着一个更光荣的梦想奋飞。"说到这，戴明盟语气振奋，"今年是中国共产党百年华诞，6年后我们将迎来建军100周年。习主席要求我们坚定决心意志，埋头苦干实干，确保如期实现建军一百年奋斗目标！"

此刻，随着"嘭"的一声巨响，一名年轻的飞行员驾驶歼-15战机成功着舰。战机尾钩牢牢挂住阻拦索，在航母甲板上划出一个巨大的"V"字。

戴明盟望向海天之际，若有所思……

"其实，我国航母入役海军也不过9年时间。在航母的建造试验、舰载机飞行、形成战斗力等方面，较之外军，我们皆是后来者。"戴明盟平静地说，"'后来'并不可怕，关键是如何作为？我们是后来者，必须把步子迈得更快更大些。"

从渤海湾到太平洋，中国航母航行的这片海域，从来不缺少清醒的坐标系。历史波涛里，北洋水师覆灭的锥心之痛犹在；太平洋彼岸，外军航母训练考核，舰载机每天起降多达数百架次……

"我们天天都在'赶路'。跨海区、出岛链，我们都进行了高强度的实战化演练，验证了航母编队的作战流程、指挥流程，远海舰机兵力协同运用正向深度拓展……"回望中国海军航母不断延伸的航迹，看着飞行讲评室里一张张年轻的面孔，戴明盟感慨地说，"我们从来不甘心落伍落后，我们有信心做合格的追赶者，将来还要成为超越者、领跑者。"

入伍31年，戴明盟经历过很多事情，丰富的阅历，过硬的素质，让他站在了如今这万众瞩目的位置。

一路走来，在外人眼里，戴明盟确实很累，"他几乎没有停下来歇口气的时间。"

这种累是许多人都能看出来、都能感受到的，但戴明盟从没说过。

相反，他如一只不知疲倦的"陀螺"，始终充满激情地转动着。不管何时何地，当你看到他时，他总是双眼有神、腰板挺直。

这几年，戴明盟收获了很多荣誉，并成长为一名高级指挥员。

但大家感觉，功成名就的戴明盟没有丝毫变化，他仍在潜心飞行、潜心带教飞行员、潜心研究战法。

功名荣誉没能让戴明盟停下脚步。如今，在他的指导下，新一批舰载战斗机飞行员正快速成长。

"回眸自己的军旅人生，我深深感到，舰载机飞行员头顶三重天：蓝天、使命、祖国，荣誉成就于蓝天，根源于使命，归功于我们伟大的党、伟大的祖国。作为一名飞行员，我的生命已经与蓝天、使命和祖国紧紧地联系在一起。无论什么时候，我的热血都将为中国梦强军梦而激情燃烧；无论什么情况，我都会朝着经略海洋、维护海权、建设海军的神圣使命努力奋飞！"

这是戴明盟在清华大学讲给年轻学子的一段话。

戴明盟告诉记者，这也是他想对关心自己、关心航母事业的每一个人所说的话，是他的心声和决心……

（作者为谭靓青、段江山、栾铖，《解放军报》2021年08月10日01版）

毕生心血筑"天眼"

茂林深处，踽踽而行。算不清楚，这已是南仁东第几次踏入贵州省平塘县人迹罕至的山林了。他一次又一次而来，只为那一个科学梦想。

仰望天空，作为一个天文学家，南仁东非常清楚，无数来自宇宙边际的信号，经历了成千上万光年的漫长路程，也许就在他抬头的这一刻，划过地球。这其中蕴含着揭示宇宙奥秘的线索，南仁东渴望能在中国大地上建造一个科研重器，来捕获这些信号，让祖国在地球上的天文史中再划出浓重的一笔。

来而复去，去而复归，他在贵州省平塘县大窝凼的喀斯特洼坑中找到安置这个重器的理想地貌。此去20余年，大国重器"天眼"工程终于完成。

今年10月10日，中科院国家天文台发布了南仁东主持建造的这个科研重器——我国500米口径球面射电望远镜（FAST）取得的首批成果。FAST望远镜探测到数十个优质脉冲星候选体，其中6颗通过国际认证。

然而，在这个成果公布之前的9月15日，身为FAST首席科学家、总工程师的南仁东与世长辞。

开启"天眼"激越时代

"等FAST望远镜建成之后，我想咱们就能着手开展对脉冲星的系统研究。"生前，南仁东曾对他的学生表露过这样的愿望。南仁东口中的脉冲星，由恒星演化和超新星爆发而产生，具有地面实验室无法实现的极端物理性质，是理想的天体物理实验室，对其进行研究，有希望得到许多重大物理学问题的答案，并有很多应用，譬如，脉冲星的自转周期极其稳定，准确的时钟信号为引力波探测、航天器导航等重大科学及技术应用提供了理想工具。

可耗费了22年时间，把一个朴素的想法变成了国之重器，成就了中国在世界上独一无二的项目的南仁东，已从壮年走到暮年，疾病最终夺走了他见证"天眼"捷报的机会。

北京时间9月15日23时23分，因肺癌突然恶化，抢救无效，南仁东逝世。20余天后，捷报传来，"天眼"这个中国自主设计制造的射电天文望远镜发现了6颗新脉冲星，这在我国尚属于首次。此时，南仁东的生命已停止，这个工程的最主要缔造者，没能等到捷报传来。

他遗憾吗？等不来南仁东的答案了，可与他共同奋斗过的人们在替他回答。

"FAST将有希望发现更多守时精准的毫秒脉冲星，对脉冲星计时阵探测引力波作出原创贡献。"在发布新成果时，国家天文台研究员、FAST工程副总工程师李菂对FAST的未来进行了展望。"同时进一步验证、优化科学观测模式，继续催生天文发现，力争早日将FAST打造成为世界一流水平望远镜设备。"

李菂认为，FAST在调试初期就能发现脉冲星，得益于卓有成效的早期科学规划和人才、技术储备，初步展示了FAST自主创新的科学能力，开启了中国射电波段大科学装置系统产生原创发现的激越时代。"10年之后，南老师所成之大美'中国天眼'必将举世皆知。"他说。

在中科院国家天文台研究员陈学雷的眼里，即便没有能等到它产出科学成果的那一天，但"南老师离去的时候心里一定非常清楚，他毕生的事业已经成功了"。

此生尽付于"天眼"

1993年，获悉科学家们在日本东京的国际无线电科学联盟大会上提出，要在全球电波环境继续恶化之前，接收更多来自外太空的信息，建造新一代射电"大望远镜"时，南仁东坐不住了，他不能忍受中国在这一领域再被别人甩下，一定要抓住这个赶超的契机。

他提出："在中国境内建造直径500米、世界最大的单口径射电望远镜。"这是个太大胆的设想，已不仅是一个严密的科学工程，还是一个难度巨大的建设工程，涉及天文学、力学、机械工程、结构工程、电子学、测量与控制工程，甚至岩土工程等各个领域。

"别人都有自己的大设备，我们没有，我挺想试一试。"这是南仁东面对质疑的答案。这一试，就让口径达500米，其面积相当于30个足球场、8个"鸟巢"体育场的中国"天眼"成为他永远的牵绊。

"为了选址，南老师当时几乎踏遍了那里的所有洼地。"南仁东的学生、FAST工程接收机与终端系统高级工程师甘恒谦回忆，当时，南仁东带着300多幅卫星遥感图，跋涉在中国西南的大山里，"有的荒山野岭连条小路也没有，当地农民走着都费劲"。

当大窝凼的圆形喀斯特洼坑出现在他眼前，南仁东觉得，此前的一切艰辛都值了。

这个适合建造FAST的"窝凼"——几百米的山洼被四面的山体环绕，正好挡住外面的电磁波。这个世界第一大单口径射电望远镜，可以观测脉冲星、中性氢、黑洞等这些宇宙形成时期的信息，以及捕捉可能来自外星生命的信号。

选址、立项、可行性研究及初步设计，主编科学目标，指导各项关键技术的研究及其模型试验，历经22年，南仁东带领团队最终建成了"中国天眼"。

"FAST就像是他亲手拉扯大的孩子一样，他看着它一步一步从设想到概念，从概念到方案，到蓝图，再到活生生的现实。"FAST工程馈源支撑系统副总工李辉回忆，2014年，馈源支撑塔刚开始安装，南仁东就立志要第一个爬上所有塔的塔顶。最终建成后，他的确一座一座亲自爬了上去，"他在用自己独特的方式拥抱望远镜！"

2016年9月25日，500米口径球面射电望远镜（FAST）竣工。它与号称"地面最大的机器"的德国波恩100米望远镜相比，灵敏度提高约10倍；比被评为人类20世纪十大工程之首的美国"阿雷西博"305米望远镜，综合性能提高约10倍。

无法遗忘的"老南"

现在，当人们来到贵州省平塘县克度镇这个偏僻的黔南小镇，再穿过一道道的狭窄山口，目光就会被一个500米直径的白色钢环所吸引，那是史上最大望远镜FAST的圈梁，而此时，南仁东的名字就会被继续坚守在这里的人们一再提起。

"老南"是他们心里对这个"老爷子"的昵称。用FAST工程馈源支撑系统副总工潘高峰的话说，他是一个"往西装口袋里装饼干，会忘记吃，等拿出来已经揉成渣子的随性老头儿"。

可"老南"也是个为了FAST，废寝忘食的"工作狂"。"就在那间办公室里，我们经常和南仁东老师一起工作到凌晨三四点。"南仁东的学生甘恒谦回忆起为FAST奋战的日日夜夜忍不住感慨。

"做一项大的科学工程，大部分是没有先例的，需要一个核心人物，南老师就是这样的角色。他是技术的核心推动者，是团队中掌握新技术最快的人，从宏观把握到技术细节，都免不了他来操心。去院里汇报项目进展，从未出过任何差错，而且每次都提前一小时到达会场，努力负责的程度超乎想象。"他的学生岳友岭这样回忆自己的老师，"他是科学家中的科学家。"

时至今日，他的同事张海燕仍难以接受南仁东离世的事实。她总以为还能再见到那个"似乎无所不知、爱抽烟、嘴硬心软"的老爷子，还能听到南仁东在隔壁办公室喊自己的名字。但这一次，"老南"真的"走"了。

丧事从简，不举行追悼仪式，这是他的遗愿。

"他没有用语言教导过我要正直、善良、面对疾病要乐观，也没有用语言教导过我工作要执着、兢兢业业、精益求精，更没有用语言教导过我要无私奉献、淡泊名利。"FAST工程馈源支撑系统高工杨清阁说，"但他，行胜于言"。

（作者为詹媛，《光明日报》2017年11月19日01版）

经济体制改革理论的探索者林毅夫——

不能辜负这个时代

在许多人看来，如今70多岁的林毅夫已经"功成名就"，但他依然活跃在学术研究一线，从未停止对中国经济发展的思考，甚至还在坚持给本科生上课，讲台上一站就是2个小时。

曾经做了他20多年工作助手的陈曦说，林毅夫每天的日程表上总是安排得满满当当，朗润园那间办公室的灯仿佛一直亮着，"如果一定要问林老师有什么爱好，工作算不算？"

"家国情怀，严谨治学，和而不同，谦谦君子"。北京大学国家发展研究院院长黄益平，用这16个字概括了这位从20世纪80年代起就在一起工作的老同事。

经济学家有责任去研究和回答时代议题

推开林毅夫办公室的门，一整面墙的书架映入眼帘。除了浩如烟海的文史哲典籍，书架上摆放的不同时期的老照片，勾勒出这些年来他的心之所向，行之所至。

林毅夫不止一次提到，在他的学术生涯中，北大是重要的地理坐标，是他经济学研究起步的地方。1979年秋天，20多岁的林毅夫进入北大经济系，选择了马克思主义政治经济学，这也是他日后创立新结构经济学的重要思想来源之一。

1982年，在北大获得经济学硕士学位之后，林毅夫远赴美国，成为诺贝尔经济学奖得主舒尔茨的关门弟子。在芝加哥大学，林毅夫将中国农村改革作为研究方向。他早期的学术成果，大都与农业、农村、农民有关。林毅夫笑称，尽管早已"农转非"了，但直到今天，依然有人将他视为一位"农业经济学家"。

为什么如此关注"三农"问题？林毅夫说，改革开放是从农村起步的，家庭联产承包责任制和乡镇企业的发展，为什么能给中国带来如此深刻的改变？这背后有着巨大的理论价值。改革开放之初，中国80%的人口生活在农村，如何让农民富裕起来，这是当时国家面临的最大问题。作为经济学家，有责任去研究和回答这些时代议题。

在芝加哥大学求学的4年，林毅夫受益良多。新结构经济学强调"有效市场"与"有为政府"结合，尽管这与"芝加哥学派"单纯强调市场的观点有所不同，但正是从那些经济学大师身上，他学会了如何从现象出发而不是从理论出发，来观察和总结真实世界现象背后因果逻辑的方法。

直到今天，这依然是林毅夫所坚持的方法论。"他特别反对碰到一个现象就直接试图以现有的理论来解释，而是主张以经济学的分析方式去研究问题。这样得到的解释可能与现有的理论解释一样，也可能与现有的理论解释不一样，如果不一样就可能形成一个新的理论。"黄益平说。

真正原创性的理论建立在对现实的观察和理解上

1987年，林毅夫成为我国改革开放之后第一个从海外学成归来的经济学博士。

与那个年代放弃海外高薪和优越条件的归国学者一样，彼时，林毅夫也面临许多选择，不少国外高校和研究机构向他抛出橄榄枝，有的甚至"3天工资就是国内1年的收入"。当得知他要回国的决定时，身边的许多老师和朋友都非常不解。他们劝林毅夫，在当时的中国，连最新的学术文献都查不到，如何做研究？

林毅夫回答，真正原创性的理论不是来自文献，而是建立在对现实观察和理解的基础之上。许多重大的经济现象都发生在中国，如果不在中国本土研究这些问题，那就是雾里看花。

回国之初，当时的国务院农村发展研究中心向他发出了邀请。在那里，林毅夫和他的同事一起跑遍了我国最偏远的农村，热火朝天地参与了当时我国农村的改革进程，在20世纪80年代的改革史上留下了自己的名字。他早期的著作《制度、技术与中国农业发展》获得了中国经济学界最高奖——孙冶方经济科学奖。

然而，林毅夫始终对在中国建立一个经济学理论和政策研究重镇、培养一批懂现代市场经济体系的年轻人念念不忘，希望成立一个面向海外归国经济学人的研究机构，"用中国的经验提出一套新的理论"。1994年8月，中国经济研究中心在北京大学成立，林毅夫担任主任，海闻等人担任副主任。

"中国经济研究中心成立之初，最大的挑战是如何吸引人才，是不是有人愿意从国外回来。"林毅夫回忆说，在当时相当长的时间内，国内海归经济学者只有他1人，一直到1994年中国经济研究中心成立时才增加到6人。"海外学成归国的学者要发挥作用，需要一个新的体制，新的体制能不能被接受？"

从创办之日起，中国经济研究中心就继承了北大兼容并蓄的传统。回忆起在林毅夫身边工作的经历，陈曦感慨地说："无论是在中国经济研究中心，还是后来的国家发展研究院，每个人都知道他开会的习惯，教授们可以畅所欲言，他对不同意见从不居高临下搞一言堂，总是以理服人，一直谈到你心服口服。"

中国经济研究中心及后来的国家发展研究院几乎参与了中国每一次重要改革进程的讨论，从早期的农村土地改革到国企改革，再到医疗改革、新型城镇化建设等，人们所熟知的诸多改革，都能在这里找到学术的"底本"。

2018年12月，在庆祝改革开放40周年大会上，中共中央、国务院决定，授予100名优秀代表改革先锋称号，作为"经济体制改革理论的探索者"，林毅夫入选。

"他把自己所学与国家所需结合起来，是一位真正的改革者。"长期与林毅夫在全国政协履职的会计审计专家张连起如此评价他。

用中国经济理论解释中国创新实践

林毅夫对中国经济改革的研究，也得到了世界银行的关注。2008年6月，他成为世界银行成立以来，首个来自发展中国家的首席经济学家。

在世界银行工作期间，林毅夫最大的感受是在这里任职的经济学家很多都毕业于欧美知名大学，对帮助发展中国家也抱有很高热情。可是当他们到非洲一个人均GDP不到1000美元、人口不到1000万的小国考察时，给出的建议却是与发达国家一样发展股票市场、风险资本。

"思路决定出路"，林毅夫说，如果把根据发达国家经验形成的理论简单运用到发展中国家，可能出现"南橘北枳"的结果，即便政策初衷很好，但效果可能不及预期。对于经济学家来说，关键是要站在发展中国家的立场上，去寻找符合实际的解决方案。

2012年6月，结束了世界银行首席经济学家任期之后，林毅夫回国，重新站上三尺讲台，成为一名普通的北大教授。

这些年来，林毅夫一直致力于新结构经济学的研究工作。这是他植根于改革开放实际，总结中国与其他发展中国家的经验教训提出的新理论，力图为发展中国家探索一条经济发展新路。

"面对百年未有之大变局，实现中国式现代化，需要中国学者向世界表明中国立场、阐释中国道路、发出中国声音，构建中国自己的学术话语体系。"林毅夫说，"发展的关键在于有效市场与有为政府共同作用，发掘每个地区的比较优势。"

因为长期看好中国经济增长的前景和潜力，有人给林毅夫贴上了"乐观派"的标签。对此，林毅夫并不在意外界的看法，"实践是检验真理的唯一标准。一个学术观点，别人接受最好，批评也很正常。我追求的并不是别人说我好还是不好，我更多关心的是能否对中国经济、社会发展真正有所贡献"。

尽管担任多个社会职务，但林毅夫最看重的还是北大教授的身份。从1995年开始，他就在北大给本科生开设"中国经济专题"的大班课，除了在世界银行任职期间外，20多年来从未中断。2020年，林毅夫又领衔创办了"新结构经济学本科实验班"，这个班也被称为"林毅夫班"，希望为中国培养出经济学理论自主创新和引领世界思潮的拔尖人才。

曾经在"林毅夫班"就读的学生吴梦说，哪怕只有一个学分的课程，林毅夫也会认真对待。每个月无论有多忙，他都会抽出时间与学生们交流，一起讨论他们关心的问题，从宏大的经济议题到身边的寻常小事，无所不包。

他不止在一个场合表达过对教书育人这件事的喜爱，"得天下英才而育之是一大快乐"。他随之也会告诉学生："作为天下的英才，是要对天下负起责任的，不能辜负了这个时代。"一如他在北大毕业典礼上对学生的寄语："只要民族没有复兴，我们的责任就没有完成。"

林毅夫说，这也是他自己内心的信仰，40多年来从未改变。

（作者为祝伟，《经济日报》2024年03月02日09版）

国企改革"邯钢经验"的创造者刘汉章——

功不可没的国企领头羊

刘汉章，邯钢集团公司原董事长、总经理。在20世纪90年代，他把市场机制引入企业内部经营管理，并于1991年创立推行"模拟市场核算、实行成本否决"的经营机制，使企业迅速扭转被动局面，走上持续健康快速发展的轨道。

"邯钢经验"在全国掀起了一场企业管理模式革命，先后有2万余家企事业单位到邯钢学习取经，被誉为"我国工业战线上的一面红旗"。

"敢"字当头的改革者

作为1958年成立的国有企业，邯钢和其他企业一样，在计划经济体制向市场经济体制转轨过程中，经受着各种因素和市场激烈竞争的冲击，也面临着设备老化、人员过剩、债务负担重和企业办社会等问题。

1984年1月，刘汉章出任邯钢总厂厂长。他锐意进取，加强管理，大力推进科技进步，先后多方筹措40多亿元，对炼铁、炼钢、轧钢等进行一系列改造，使邯钢成为河北省的4个利税大户之一。

但是，20世纪90年代，火爆的市场急转直下，原本2000元一吨的钢材几乎在一夜之间降到1600元，这已跌破邯钢最低成本。而燃料、运费、原材料等价格突涨，邯钢一年中因此增加成本八九千万元。

一落一涨，两面夹击。1990年，邯钢28种产品26种出现亏损，当年的钢产量虽然超过了100万吨大关，但盈利仅为100.4万元。

一方面投资10亿元的工程濒临下马，一方面自身亏损，形势危急，邯钢陷入"四面楚歌"。

这种逼迫让刘汉章想通了一个现在看来很简单的道理——是市场适应我还是我适应市场。"当时我们就吃准了一条，解放思想、大胆改革、转变企业内部的经营机制，走向市场。"

在准备把市场机制引入企业内部前，刘汉章提醒班子成员，新机制运作能否成功，要考虑五个"敢不敢"：敢不敢"推墙入海"，敢不敢在否决上动真格的，敢不敢剥离和清除附属在企业身上的各类"寄生"公司，敢不敢从严治厂，敢不敢拉开分配差距。

但面对用何种方式引进市场机制的问题，邯钢人着实费了一番周折。

当时，钢材价格每吨陡跌400元以上，公司连续数月亏损，经营非常困难。于是，刘汉章给总会计出了个题目：做一个保证邯钢所有产品都不赔钱的成本指标，做出来后分解到处室、分厂、车间及个人，指标总数达10万个，并将指标完成情况与利益挂钩。这样，就形成了一种机制——每个职工有家可当、有财可理、有责可负、有利可得。

经过几个月严密的测算，十万多个大大小小的成本指标，落到全厂2.8万人每个人的头上，无论是分厂厂长、车间主任还是炼钢工人，都感到了从未有过的沉重。

这一算，被邯钢称作"模拟市场独立核算"，成为之后"模拟市场核算、实行成本否决"的"邯钢经验"的滥觞。

推墙入海，刘汉章和班子的重大决定，让邯钢这艘巨轮顺利驶出了浅滩。

创造"邯钢经验"

突出重围后，刘汉章和班子在实践中不断拓展、完善"邯钢经验"，生产一线核算成本，后勤管理也要计算成本。后来，基建、技改，都实行成本否决，邯钢在实践中尝到了成本否决的甜头。

不断探索，不断完善，追求卓越，刘汉章让"邯钢经验"持续注入新的内涵。

具体而言，一是市场。企业主动走向市场，实行内部模拟市场机制，根据市场上产品售价和采购原料的市场价格来计算目标成本和目标利润。二是倒推。从产品在市场上的价格开始，一个工序一个工序从后向前核定，直至原材料采购。三是否决。以成本和效益决定分配和对干部业绩进行考核，完不成成本指标，否决全部奖金。四是全员。每个人都要分担成本指标或费用指标，实行全员或全过程的成本管理。

这一制度从1991年1月正式实施就立竿见影，2月、3月各盈利400余万元，4月盈利600多万元，5月盈利800万元……半年过去，邯钢模式显示出了神奇的魔力，6月份的月盈利竟高达1700万元。

1991年前三个季度，邯钢实现利税比上年同期纯增6351万元，增长70%，位于全国同行业前列。从连续5个月亏损到"乾坤大挪移"般的翻身，邯钢巨变引起人们关注。

一时间，学邯钢，成为当时经济报道的热门词汇。

1992年4月，冶金部在邯钢召开现场会交流"邯钢经验"，提出在冶金行业推广邯钢做法。

1993年5月份，国家经贸委组织29个省、市、自治区经贸委主任、部分企业厂长（经理）到邯钢学习。9月份，河北省政府作出决定，在全省工业企业广泛深入开展学习推广"邯钢经验"的活动。

1995年3月下旬开始，中央电视台新闻联播连续4天播出邯钢"成本否决法"采访纪实。

"邯钢经验"在1996年1月终于拿到了它的最高荣誉——国务院专门发出通知，批转国家经贸委、冶金部《关于邯郸钢铁总厂管理经验的调查报告》，要求各地区、各有关部门结合实际学习和推广"邯钢经验"。

据测算，邯钢总资产由1990年的22亿元增加到2001年的241.4亿元，净资产由5.8亿元增加到114.3亿元，11年增值19.7倍；年销售收入由10.2亿元增加到110亿元，利润总额由100万元增长到7亿元，1998年至2001年保持全国同行业前三位，8年稳居河北省第一位。

1997年，"邯郸钢铁"股票上市，连续三年被上市公司杂志评为中国上市公司50强，2002年被美国《财富》杂志评为中国上市公司100强第37位。

"邯钢在我国工业发展史上留下了辉煌一页，我们国家在工业方面树立的典型，改革开放之后只此一家，这个荣誉是很难得的。"2004年11月，全国政协原副主席王忠禹到邯钢考察时说。

"邯钢经验"还引来当时朱镕基总理对其的一句经典评价：我国工业战线上的一面红旗。

功不可没的国企领头羊

至今，邯钢人也认为："没有刘汉章，邯钢今天可能还是一个不知名的中小钢厂。"

作为身处转型经济时期的企业家，刘汉章克服许多体制上的障碍，成为改革开放时期中国企业界的佼佼者。可以说，邯钢成为我国市场经济体制下大型国有企业的领头羊，刘汉章功不可没。

今天看来，刘汉章和邯钢对国家的贡献，不仅仅是邯钢由一个地方的钢铁企业发展成一个国家的利税大户、特大钢铁企业，更大的贡献在于，刘汉章提出的管理模式，为20世纪90年代初在摸索中前行的国企树立了一个典范，打开了一条直面市场的道路。

据不完全统计，邯钢改革13年间，先后有2万余家企事业单位到邯钢学习取经。

"邯钢经验"在全国掀起了一次企业管理模式的革命，对我国计划经济向市场经济的全面转变，对国有企业三年扭亏的目标实现，都产生了积极深远的影响。

人民日报曾刊发文章认为，"邯钢经验"为国有企业实行从传统的计划经济体制向社会主义市场经济体制、从粗放经营向集约经营两个具有全局意义的根本性转变提供了借鉴。

从1997年开始，按照国家有关部门要求，邯钢开始派出专家到亏损企业任实职、当高参。邯钢人进驻后，水钢实现一年时间扭亏为盈，利润1998万元；重庆特钢实现10个月降成本3.6亿元的大变化。

冶金部部属企业舞阳钢铁公司和河北省属企业衡水钢管厂濒临危境，1997年邯钢对这两家企业成功兼并。舞钢被兼并前，连续4年亏损，累计亏损6亿元，在被邯钢兼并第5个月就扭亏为盈，4年累计实现利润8225万元。衡水钢管厂被兼并时资产负债率高达114%，邯钢兼并后，当年扭亏为盈，4年累计实现利润693万元。

　　"邯钢经验"给整个国家各个经济实体带来的财富和价值是难以估量的。据当时国家经贸委统计，到1999年初，仅冶金行业通过学邯钢，亏损企业亏损额下降34亿元，下降幅度高达30%，其中13户亏损达5000万元以上的大户已经扭亏。

　　由刘汉章一手改革缔造的"邯钢经验"，不但经历了市场考验，也经历了时间的检阅，今天我们百度搜索"邯钢经验"，经济学界对这一课题的理论研究文章还随处可见。

（作者为姜艳，《河北日报》2018年12月20日01版）

杂交水稻研究的开创者袁隆平——

稻田追梦的科学巨擘

　　水稻，养活着世界几乎一半的人口。一朵小小的稻花，因为雌雄同株，曾经让育种专家们利用杂种优势成了奢望，甚至绝望。

　　60年前的一个夏日，雪峰山下的湖南安江农校里，青年教师袁隆平在水稻试验田里偶然发现了一株稻"鹤立鸡群"，穗子比普通稻穗要大许多，欣喜的他等待成熟后小心翼翼收下种子，种下、观察、思考、再种下、观察、思考……由此拉开了杂交水稻的漫漫求索路。

　　这条路，一走就是一辈子。从湖南到海南，从广西到云南……多少稻田里留下了他的脚印和牵挂。他的论文，写在了祖国的大地上。

　　2020年秋天，衡南县云集镇30亩示范田里，第三代杂交晚稻测产。年已九旬的袁隆平，向水稻高产潜力发起了又一次冲锋。

　　周年亩产稻谷突破1500公斤，达到1530.76公斤！老人有点耳背，当听清楚了结果超出预期时，情不自禁鼓起掌来！

　　"非常激动！非常满意！还要为国家粮食增产再作贡献！"

　　"我的脑瓜子还可以，还要从'九零后'一直工作到'百零后'。"

　　斯人已逝，那一幕幕恍如昨天，就在眼前……

两年冒着酷暑检查几十万株稻穗，
终于找到6株雄性不育株，点燃了三系法杂交水稻研究

水稻是雌雄同花。如果想让水稻杂交，必须找到一种自身雄花不能授粉的品种，雌花才能接受来自异株的花粉。也就是找到雄性不育株，俗称母本。

1961年，面对那株"鹤立鸡群"稻，就在安江农校的稻田里，袁隆平默默进行了一场试验，证实了它是一株天然杂交稻。

水稻没有杂种优势！传统遗传学理论早有定论。可袁隆平相信自己的眼睛和思考！

一个乡村教师挑战世界权威，多少人等着看笑话，他却不在乎。这是对科学的诚实，更是对彼时深陷于饥荒的百姓的诚实。

袁隆平推断，稻田里一定会有天然的母本存在。但是，茫茫稻海中，它们在哪里呢？

六七月，正是水稻扬花季节。袁隆平带着放大镜，头顶烈日、赤脚踩在田里，一株株地寻觅。

就这样，在1964年和1965年两年里，他检查了几十万株稻穗，终于找到了6株雄性不育株，也就是杂交水稻的母本。经过人工授粉，结实数百粒，有的杂交组合表现有优势，这激发了袁隆平的研究信心，36岁的他写下了第一篇论文《水稻的雄性不孕性》。

就在这篇划时代的雄文里，袁隆平首次描述了水稻雄性不育株的"病态"特征，并正式提出了通过培育水稻三系（即雄性不育系、雄性不育保持系、雄性不育恢复系），以三系配套的方法来利用水稻杂种优势的设想与思路。

事有凑巧，刊发论文的这期《科学通报》变成了"文革"到来时的最后一期，随后杂志停刊。幸运的是，在时任国家科委主任聂荣臻的支持下，1967年，袁隆平为首的杂交水稻研究小组在安江农校诞生了。

转眼到了1969年，研究却陷入了停滞。在湖南、云南、海南、广东等地的试验田里，研究小组利用3种栽培稻的雄性不育株，先后与近1000个品种和材料做了3000多个杂交组合的试验，其后代总是达不到100%保持不育的特性。这就意味着，杂交水稻母本的生产是不靠谱的。

痛苦中，经过分析思考，袁隆平发现试验效果不佳的材料具有亲缘关系近的特点，于是决定从亲缘关系较远的野生稻身上寻找突破口。

1970年冬，随着"野败"即雄性不育的野生稻在海南被发现，杂交水稻研究柳暗花明。袁隆平把"野败"无偿地分给全国杂交水稻科研协作组单位后，大批农业科技人员投身其中。

1973年10月，在第二次全国杂交水稻科研协作会议上，袁隆平代表湖南省协作组发言，正式宣布籼型杂交稻三系配套成功。他选育的"南优2号"，成为我国第一个大面积生产上应用的强优势组合。

1976年，全国籼型杂交稻种植面积超过200万亩，普遍增产两三成。

历经15年，源起于袁隆平的一个探索，在不懈努力接连闯过三系配套关、优势组合关和制种关后，使中国成为世界上第一个生产上成功利用水稻杂种优势的国家。在三系杂交稻攻关最紧张时，连续七个春节他都是在海南的试验田里度过的。

1981年，国家授予全国籼型杂交水稻科研协作组袁隆平等人特等发明奖，时任国务院副总理方毅为袁隆平颁奖。

领衔攻关两系法杂交水稻，试验田里苦求索，开创育种新纪元

时隔33年后的2014年，北京人民大会堂，杂交水稻研究又登上了国家科技奖励大会最高奖的领奖台。由袁隆平院士领衔攻关的"两系法杂交水稻技术研究与应用"项目，获得了科技进步奖特等奖。

从三系法到两系法，仅一字之别，却带来了杂交水稻技术的伟大飞跃，确保了我国杂交水稻技术的世界领先地位，并推动了世界杂交水稻的快速发展，是对遗传育种学科的巨大贡献。背后，是全国10多家科研单位、几十位科研人员历经20余年不懈探索的汗水和心血。啃下这块硬骨头的领头人，就是袁隆平。

三系法是杂交水稻最初培育成功时采用的方法，也是最经典的方法。但是，三系法也是一个复杂的方法，很难协调高产与优质、早熟与高产等问题，杂种优势利用长期徘徊不前，走到了瓶颈之地。

一个叫光敏不育系的发现，让两系法杂交水稻育种顿时海阔天空。它像两栖动物一样功能强大，只不过根据日照条件来决定当下到底表现不育还是可育。而且，理论上现有水稻品种中95%都可以转育成不育系或用作恢复系，选到优良组合的几率大大提高。

1986年，袁隆平发表了又一篇著名的论文《杂交水稻育种的战略设想》。他将杂交稻的育种从选育方法上分为三系法、两系法和一系法3个发展阶段，即育种程序朝着由繁至简且效率越来越高的方向发展，优势利用朝着越来越强的方向发展。

岂料，1989年7月，一次异常低温天气导致已经过鉴定的"光敏不育系"变成了可育，出现了"打摆子"现象，制出的还是常规种子，给

了育种专家们当头一棒。质疑声四起，很多学者甚至放弃对两系法的研究。

在这紧要关头，袁隆平及时提出了选育实用光温敏不育系的新思路，明确指出不育起点温度低是实用光温敏不育系的关键指标。

随后，该研究得到总理基金立项和"863"计划的大力支持，组织全国性协作攻关，解决了系列技术难题，逐渐掀起两系法研究的新高潮。

1995年，中国独创的两系法杂交水稻取得成功，普遍比同熟期的三系杂交稻每亩增产5%—10%。次年，中国超级稻育种计划由农业部正式立项，担任主帅的袁隆平提出以"形态改良与杂种优势利用相结合"的水稻超高产育种理论和技术路线。

20多年来，从突破700公斤、800公斤、900公斤、1000公斤，直到1152.3公斤，从湖南到云南的百亩示范田里，杂交水稻大面积亩产的世界纪录先后诞生。这些水稻品种中的佼佼者，都有一个共同的身份——两系法杂交水稻。

第三代杂交水稻种到了家门前，孕育增产新希望

"高产更高产是永恒的追求"，这句话，袁隆平说了几十年，一遍又一遍。

从三系法到两系法，杂交水稻产量连上台阶，但也进入了缓慢增长期。八旬过后的袁隆平，又带领团队瞄准了第三代杂交水稻。经过多年奋斗初战告捷，研究还摘得了湖南省技术发明一等奖。

兼具三系法和两系法优点的第三代杂交水稻另辟蹊径，通过遗传工程不育系研究，为水稻大幅度增产提供了巨大潜力空间。前几年起，老

人家门前那块试验田就种了部分第三代杂交水稻，他在家里就可以看着新宝贝了。

得知有一块试验田里种的第三代杂交水稻长势很好，袁隆平亲自叫了10来个人，和他一起去测产。结果亩产有1300多公斤，老人高兴得直说"惊人"。

耐盐碱水稻也是袁隆平近年来为之奋斗的新目标。他认为，如果能拿出1亿亩盐碱地开发，每亩按300公斤产量计算，就能增加300亿公斤粮食，可多养活七八千万人口。为了实现这个想法，袁隆平提出了利用水稻杂种优势，提高耐盐碱水稻产量的技术路线。

"全体员工，人人须知，我中心有三大主要任务。"前年夏天，在袁隆平工作生活了30多年的湖南杂交水稻研究中心大院里，挂出了一则老人亲笔签名的《科研任务告示》，提出了"三大目标"。

其一，冲刺"禾下乘凉梦"，继续巩固每公顷18吨产量的目标；其二，选育耐盐碱水稻，瞄准每公顷产量4.5吨的目标；其三，发展第三代杂交水稻。

几大攻关一直在进行。2021年的夏天，稻田又长新绿，您却已远行。无尽的怀念浸湿了这张告示……

把论文写在祖国的大地上，越来越多的杂交水稻学人将铭记您的教诲，像您一样，为祖国的繁荣富庶，为全人类的福祉奋力拼搏，鞠躬尽瘁！

（作者为胡宇芬，《湖南日报》2021年05月23日01版）

科技兴油保稳产的大庆"新铁人"
王启民——

"新铁人"光耀新时代

王启民的办公室位于大庆油田公司办公楼的16层，视线穿越窗前的广场，对面一座造型极具冲击力的现代化建筑吸引着人们的目光，那就是大庆油田科技馆。这里，记录着几代石油科技人的梦想，记录着几代石油科技人的奋斗史。

对不熟悉的人来说，王启民是一个被崇敬、被仰视的人。为国找油的"新铁人"，一定是"钢筋铁骨"、走路生风！然而当人们看到他，惊讶地发现，这"铁人"就像邻家慈祥的爷爷，个头不高面带谦和。随着交流的深入，人们会不自觉地被他的情绪左右，被他鼓舞，被他感染。随着他的讲述热血澎湃、激情飞扬，这是全身心投入自己热爱的事业，迸发出的精神力量。

勇于挑战："三超精神"激活不竭动力

"一个人，如果没有激情，什么事情都做不好。"王启民这样说。难怪，已经82岁高龄的他，一谈起"找油"就精神一振，滔滔不绝如数家珍。

很多人在这个年龄，早已经在家养花弄草。然而，王启民却退而不休，至今仍坚持对科研进行指导。对于一个石油科技工作者来说，年龄不是障碍，能够全身心地投入自己热爱的事业，是最大的幸福。

回想起最初投入开发时的故事，王启民记忆犹新。

初到大庆，就像白纸一张，一切从头开始。虽然是一介书生，但王启民和其他"老会战"一样，"战天斗地"的气魄从未缺席。

在大庆过的第一个春节，王启民在干打垒门上贴出了这样一副对联，上联是：莫看毛头小伙子；下联配：敢笑天下第一流。这个冲劲十足的年轻人特意把"闯"字里面的"马"写得大大的，这匹小马就是要冲向世界，做世界第一。这是一个年轻人对这个世界的宣言。

在多年艰苦的科研实践中，大庆科研人员总结出"超越前人、超越权威、超越自我"指导精神，成为指导研究的精神动力。而王启民就是这种精神的最好诠释者。

油田开发初期，有外国专家预言：以中国人自己的力量，开发不了大油田。权威们走了，留下一片待开发的荒草甸。

于无路处杀出血路，是王启民的选择。他用"非均质"理论打响超越的第一枪。"均衡开发"是当时世界公认的理论，一个大学没读完提前毕业的"毛头小子"，是不是有些不自量力？面对质疑，王启民选择用扎实的实验论证自己的观点。最终，"非均质"构造理论让大庆油田取得辉煌成就，在1976年第一次攀上年产5000万吨的高峰。

"既要树立敢为天下先的雄心壮志，更重要的是从地下规律出发，既不照搬国外，又不照抄书本。运用辩证唯物主义方法，在实践中发现矛盾、利用矛盾、解决矛盾，从而实现认识上的深化和原油生产的互补接替。"王启民这样认为。

他在笔记中写道："作为一名科技工作者，就是要勤于发现问题，善于提出问题，肯于解决问题。勤于发现问题凭的是对油田的热爱；善于提出问题就是要肯动脑筋，有钻研的劲头；而肯于解决问题就要依靠科技团队的智慧和力量，具有'咬定青山不放松'的韧劲和毅力。"这是他对自己责任的深刻认识，更是多年科研攻关的制胜法宝。

如今，王启民进一步提出，要把"坚持科学精神"作为一个课题，指导科研工作。科研不能被其他人左右，坚持走自己的路，挑战不可能。

从"石油之子"到"国之脊梁"，王启民用钢铁意志使大庆油田攀上一个个产量高峰，更用铁人般的意志打造了一个永不枯竭的精神"高产油田"。他所代表的"新铁人"精神至今闪烁着时代的光芒。

以苦为乐：困难成为成功的基石

"新铁人"的成长，是心血和汗水铸成的。当年，为地下油藏"把脉"，摸清真实的地质构造成了王启民心头一块大石头。王启民和大家白天揣上窝窝头，到井上观察、取资料，晚上画油水变化曲线，进行分析论证，一干就是大半夜。

"过去是干10天休息一天，后来连休息都不要了，就是工作。"回想起那段岁月，王启民仍能感觉创业的激情涌动。

那时条件不好，饿了，就煮几片白菜叶子；困了，就趴在桌子上打个盹儿。早日拿下大油田的信念支撑着他们，斗志旺盛，情绪乐观。"五两三餐保会战，一杯盐水分外香"的日子，至今还令他感到非常亲切。

会战初期任务很明确，以最快的速度探明油田的面积和储量。当时，他负责的葡四井坐落在荒原上的一个小水泡子旁边。涨水时，要趟着没膝深的水上井，水撤下去了，也是一地泥泞。"干打垒"非常潮湿，早上醒来，身底下的垫子都是湿乎乎的，使他逐渐患上了严重的风湿病。

铁人王进喜说得好："这困难，那困难，国家缺油才是最大的困难。"他以"铁人"为榜样，与工人一起克服困难搞会战，摸爬滚打夺石油。参加工作第一年年底，他就被评为实习生中唯一的二级红旗手。

王启民常说："一次成功可能来自一万次的失败，光靠小聪明和一时的冲动绝不会成功；天道酬勤。搞科研必须下笨功夫，要有持之以恒的毅力。"

面对产量迟迟不能提升的困境，王启民临危受命，在中区东部开辟了9平方公里的"分层开采、接替稳产"试验区，这一干就是10年！ 10年3000多个日日夜夜，王启民和试验组的4名同志与工人一道施工作业，逐井取样化验，经常一干就是通宵。夏天，蚊虫成群，一巴掌下去，满手是血点。冬季，帐篷里结满了冰溜，冻得人直打冷战。铁人王进喜"有条件要上，没有条件创造条件也要上"的精神激励着他们，迎难而上，毫不退缩。由于条件恶劣，加上过度劳累，他的风湿病加重了，疼痛难忍，手指头也不听使唤，连鞋带都系不上。大夫说他得的是类风湿强直性脊椎炎，终身难以治愈。风湿病又引起眼睛虹膜发炎，一发作起来，头疼得直想往墙上撞。

一天傍晚，他抄近路从作业队往驻地走，突然被一块土坷垃绊倒了。他想站起来，却觉得上身和下身都脱节了。心想，这可糟了，怎么说倒就倒下了！他咬紧牙关，用力一使劲，只觉得腰间一阵剧痛。他躺在那里流泪了，试验攻关的课题还没有完成，自己怎么能半途而废呢。他逐渐平静下来，开始慢慢活动四肢，一点点坐起来，跪起来，再用一只手拄地，终于站了起来！

淡泊名利：对待荣誉保持平常心

在王启民身上，集中体现了一个科研人员的情怀，不要名、不要利，只要问题。解决问题才是一生追求的幸福。

对待荣誉，王启民从不伸手。在他身上体现了"新时期铁人精神"，即国家利益高于一切的爱国主义精神，艰苦奋斗、顽强拼搏的创业精神，锲而不舍、敢于攻关的求实精神，兢兢业业、克己奉公的奉献精神，尊重群众、发扬民主的团结协作精神。这是铁人精神的延续和发展，是油田文化的高度凝练和升华，更是振兴石油工业的强大精神力量。

他把全部身心献给了油田，同事们风趣地对他说："你不姓王，姓油啊！"

参加工作以来，王启民先后获得各种科技奖励22项，多次被评为全国优秀共产党员、全国先进工作者等荣誉称号，获全国五一劳动奖章，并当选为第五届全国人大代表和党的第十五届全国代表大会代表、十五届中央候补委员。

坐在人民大会堂里，他有说不出的激动。他想，大庆油田，世界级的大油田，多少年来，有多少人为之奋斗。如果没有大庆科技队伍群体的力量，自己是多么的微不足道，又能做出什么成绩呢？他耳边又响起了铁人王进喜讲过的一句话：功劳，应该记在党和人民的账上，我的小本本，只能写差距。

王启民在50多年的工作实践中始终把科技兴油作为自己肩负的使命和责任，淡泊名利，呕心沥血，不畏艰难，勇攀高峰，成功地解决了大庆油田开发建设中遇到的一系列技术难题。

"发展是党和国家的第一要务，创新是我们民族进步的灵魂。对油田来讲，同样是一要发展，二要创新。作为科技工作者，只有围绕发展不断创新，才能真正体现共产党员的先进性。"

如今，耄耋之年的王启民仍充满激情地在油田开发技术领域艰辛探索。他说："能为发展祖国石油事业，为大庆油田鞠躬尽瘁，奋斗不息，是我终身的事业、一生的追求。"

（作者为蒙辉，《黑龙江日报》2019年01月24日）

"张家港精神"的塑造者秦振华——

敢为天下先

对港城百姓而言，秦振华的名字是那么亲切，那么赋有精气神，那么掷地有声，因为他代表着一段激情燃烧的岁月，更折射着一种镌刻进骨子里的敢为天下先的城市精神，秦振华的名字已和这座江尾海头的城市紧紧相连。

历史风云起，倥偬四十年。回眸来时路，赤子心如故——

人生能有几回搏
初心不改，敢为人先，他是改革开放的"先行军"

不难发现，在40年改革开放大潮中，秦振华幸运地经历了"两次机遇两次搏"：第一次是1978年出任杨舍镇党委书记，恰逢党的十一届三中全会召开，他一搏就是14年，把一个全年工业产值不足500万元，在苏州市辖诸县城关镇中倒数第一的乡镇搏成了苏州市乡镇"八颗星"典型中的头把交椅，开创了当时苏州"南学盛泽，北学杨舍"的局面；第二次是1992年出任张家港市委书记，恰逢小平同志南方谈话，他带领全市上下抢抓机遇、奋力拼搏，创造了"张家港精神"，张家港从苏南的一块"边角料"一跃成为中国的"明星城市"。

　　幸运从来不是成功的主要因素，唯有抓住机遇解放思想奋勇开拓，才能闯出一条人无我有的新路。1978年秦振华刚接手时的杨舍：镇区面积狭小，人口不足1万，交通闭塞，房屋破旧，环境脏乱，镇办企业几乎空白，全年工业产值不到450万元，是苏州6个县城关镇中的"小六子"。"经济决定地位，不蒸馒头争口气，底牌不好，我们换一手好牌重来！"秦振华决心如铁。但"好牌"不会从天上掉下来，他带领班子成员坚定贯彻党的十一届三中全会确立的改革开放路线，以整治环境攻坚战为突破口，"扫"掉了老百姓的小农意识和陈规陋习，"扫"出了全镇上下咬紧牙关打硬仗的精气神。能人贤人用起来，乡镇企业办起来，外贸工业搞起来，村镇建设动起来，杨舍精神树起来……等到1992年秦振华离开的时候，交给杨舍百姓的，是一个荣获全省第一个文明卫生镇，"五杯""七杯"竞赛位居苏州166个乡镇前列，名列苏州表彰的八颗星典型首位，全国百强镇排名第七的杨舍。十四年拼搏，玉汝于成。

　　1992年，小平同志发表南方谈话，这年元月，56岁的秦振华破格担任张家港市委书记。刚一上任，他就响亮提出两句话：一句话是"三超一争"，即"工业超常熟，外贸超吴江，城建超昆山，各项工作争第一"；另一句话就是后来叫响全国的"张家港精神"。

　　"三超一争"的提出，那真是石破天惊，当时《人民日报》称这是在苏州放了一把火，把苏南的一池春水给搅动了，苏州一下跃起6只虎。同时也把张家港推上了破釜沉舟、背水一战的境地。

　　"为什么当时要提出'三超一争'？还不是因为'穷'！上任之初全市财政收入2.25亿元，可用财力8000万元，除了用于农田水利、修桥补路、学校建设等公共事业的5000万元，还剩3000万元发工资，还得勒紧裤腰带！"老秦书记重重地用手敲了敲桌子，"我们摆了擂台，以当时的实力，好像有点自不量力，但不这样，我们张家港只能永远落在别人后面，那我就有愧老百姓的信任！不过我敢于提出'三超一争'，也有一个原因——我们有底气，我们拥有坚强团结的市委领导班子，拥有防风避浪、不冻不淤的天然黄金良港。"

张家港精神是干出来的
自加压力，只争朝夕，他是改革开放的"实干家"

心有多大舞台就有多大。依靠张家港精神，秦振华带领全市干部群众一门心思艰苦创业抢发展，自加压力只争朝夕，大力实施以港兴市和外向带动战略，在这片昔日的穷沙滩，上演了一幕幕石破天惊的威武大剧：

新建了全国县级市第一条高等级的张杨公路。1992年上任才个把星期，秦振华带领100多人组成的考察团南下广东取经。他感到脚下的每一寸土地都升腾着改革开放的热气。"大路大发，小路小发，无路不发。"顺德县委负责人的一席话对秦振华触动太大。紧锣密鼓地结束了南方行程，归来前，秦振华就在白云机场停机坪紧急召开市委常委会会议，并把筹备建设张杨公路的决定传达给留守在家的市长沈澍东，"一刻也等不及了！今天就筹备！"这才是秦振华，干事创业只争朝夕。资金严重短缺、工程量浩大、施工难度极高，想想都是困难。"一个一个解决！"这就是秦振华，咬定目标绝不言弃。短短一年时间，全长33公里双向六车道的张杨公路建成通车，打通了港城东西交通的大动脉，构建了港、市相连的枢纽。

抢建全国第一个内河港型国家级保税区。1992年，国家要在江苏省建一个内河港型保税区，对于张家港而言，无疑是一个重大机遇。但省内南京港、镇江港、南通港的条件都优于张家港。"我们是没有条件，创造条件上！先下手为强！"4000人大会后，3个月，1284户村民动迁完毕；6个月，完成区内"五通一平"。"这个'金娃娃'一定要抢回来！"抢建保税区成了秦振华心尖儿上的事。1992年5月24日，时任国务院总理李鹏来张家港实地考察，为"张家港保税区"题了字；10月16日，国务院批准张家港建保税区的公文正式下发。成了！"以港兴市"的战略决策落到了实处，掀起了新一轮建设高潮。

此外，建设了全国第一条步行街，创下了28个"全国第一"。全市上下大力度招商引资，韩国浦项、美国陶氏等120多个大项目纷至沓来，一批世界500强和跨国大公司纷纷落户张家港。与此同时，还大力发展规模企业和民营企业，沙钢、澳洋等60多家省级集团企业茁壮成长。1994年，张家港在经济总量、入库税收、外贸出口、外资引进等方面均在苏州各县市中领先，成功实现了"三超一争"的奋斗目标。

"张家港精神是硬碰硬实干出来的，干工作就要样样争第一，没有争第一的勇气，第二、第三也争不到！"秦振华常常勉励市委工作班子和干部，"当干部没有什么级不级，工作干不上去就真急了"，他提出并坚定实施"弘扬创业者，支持改革者，鞭挞空谈者，惩治腐败者，大胆激励开拓者"的用人方略，并在市委常委会上公开讲"大家向我看齐"，带头苦干实干，锻造了一支攻坚克难、能担大任的"精锐之师"。

无私无畏天地宽

铁腕治污，铁心为民，他是改革开放的"孺子牛"

顺境中自加压力，逆境下负重奋进，这是张家港精神的核心特质。

1993年，中央开始宏观调控和经济调整，有人举报张家港违反国家宏观调控、乱集资、乱拆建等，很多人认为秦振华出了大问题、"要抓起来了"。但他坚信"宏观调控是调低不调高，调劣不调优，调内不调外，张家港不是搞'大跃进'"，响亮喊出"大发展小困难，小发展大困难，不发展难上难！"中央、省里及相关部门先后来调查，结果问题没查到，却查出了先进，让张家港名声大振。同时，也给一直把官帽拎在手上的秦振华披坚执锐、谋求持续发展增添了信心、勇气和力量。毫无疑问，等待张家港的又是一个新的"花期"。

秦振华深感百姓只有既富口袋又富脑袋，实现城乡一体，才算真的过上好日子。他响亮提出了张家港"城市现代化，农村城市化，城乡一体化，港口国际化"的发展目标，要把农村变成城市，把农民变成市民。定了就干，他带队南下珠海、深圳等地参观学习，并借鉴新加坡经验，请来著名专家吴良镛等按照"品味要高，造型要美，生态要好，居住要舒适，五十年不落后"的要求编制市域规划、城镇体系规划和村镇建设规划，一幅美丽蓝图在港城大地展开。

秦振华的生态环保理念亦是非常超前，可能和主政杨舍镇时创建文明卫生镇密不可分。他在上级还没有要求和规定的情况下铁腕治污，一下子关停了70多家污染企业。坚持"既要金山银山，又要绿水青山"，"有污染的项目，就是出金子也不要"。全面实施摩托车不准进城，公共场所、步行街禁烟，全市禁放烟花爆竹、禁烧麦秸等一系列创新举措。张家港因此获得了国家卫生城市、全国环保模范城市等殊荣。

不管是执政杨舍时兴修实验小学前的道路，"保护娃娃们雨天顺利上学"，还是"为了乡校公厕卫生对村支书大发雷霆"，亦或是异地新建省级重点梁丰高中、暨阳中学、云盘小学等一批高质量学校，教育，历来是秦振华时刻牵挂在心头的大事。他提出创办一流的教育，发展一流的经济，建设一流的城市，三个"一流"置教育为首位，就是为了让港城娃绝不重复自己儿时家贫辍学的命运。秦振华在规划实施中小学新建和改、扩建实事工程时，力主将每一座校园建成地标性建筑。他把教师的冷暖放在心上，启动了"教师安居工程"，努力提高教师待遇和地位，在他的倡导下，全市上下形成了尊师重教的浓厚氛围。

在张家港，秦振华绝对是最忙的人。但不管怎么忙，除了出差，每天晚上有两件事他是必做的，一是看中央省市文件，二是处理人民来信。他认为前者是上级党委的声音，后者是人民群众的声音。只要是写给他的信，他每封必看，看后即批处理意见。批过的信件，三天听回音，不得延误。三天不能办结的，给出时间表。

1993年元旦前夜，秦振华如往常一样开始批阅人民来信，他收到一位保税区中学生的来信，信中反映该学生家庭为建保税区房子被拆迁，未安排父母工作，学费交不出，生活困难。秦振华既吃惊又恼火，连夜召开常委紧急会议，对信中反映的问题举一反三，全面调查。第三天，他又亲自召开千人群众大会，宣布解决保税区动迁安置实施方案和完成日程表，动迁户就业、老年人生活安置费提高等多项问题得到了妥善解决。

据统计，秦振华在担任市委书记的6年间，亲自批办的人民来信足足有40多箱，2万多件，平均每天20多件。

人退志不退，位退心不退
热情满腔，壮心不已，他是改革开放的"传颂者"

老骥伏枥，志在千里。从南到北、从东到西，退休了21年的秦振华却比当年在任时还要忙碌，新疆、内蒙古、青海、甘肃、陕西、黑龙江、辽宁、北京、四川、浙江、广东、云南……21年来，他的足迹几乎遍布全中国，他把宣传张家港精神、推动东西部经济发展作为自己的"新任务"，应各地之邀作了400多场报告。"张家港精神是我和张家港人民用心血和汗水实践、拼搏、凝聚的成果，是张家港市创造奇迹的力量之源、希望所在、成功之本。我们繁荣了，人民富裕了，但全国还有很多地方没有脱贫，我有责任去帮助他们！"二十余载耕耘弦歌不辍，秦振华把张家港精神传遍祖国的大江南北。

东西联动、南北互动，秦振华先后被中西部、苏北地区18个地（市）、县（市）聘为经济和社会发展的高级顾问，义务为在张家港举办的10多期西部地区干部培训班当老师。一些张家港的骨干企业在他的带领下还纷纷赴苏北、新疆、云南等地投资兴业，比如长江润发集团在宿豫安营扎寨，建设了占地1500多亩的张家港（宿豫）工业园，如今已然成为南北挂钩、两地共荣的成功见证。他还为贵州毕节地区和大方县的孩子们筹集善款50万元，建办了两所希望小学，用满腔慈爱点亮教育之光……

做一件事坚持一阵子不难，但是坚持了21年只能让人铭感五内。400多场报告，秦振华从来都是分文不取，体现了一个共产党员的高风亮节。记者还了解到，出行中交通不便、高原反应、缺电少水等情况时有发生，可老秦书记从未有半句怨言。

"老秦书记，这么多年，走这么多地方，您不累吗？""有时候身体也累，但是人活着，总是要有点精神的！尤其是一个领导干部，在位时好好干，退休不退志，时刻记住自己是一名共产党员！"他的眼神分外明亮。从他的眼神里，从他紧握的拳头里，从他炽热的话语里，记者明白了他为何能几十年如一日一往无前！因为他对党爱得深沉，对这片养育他的土地爱得深沉！

（作者为郭晓红、庞瑞和、李敏、浦江，《张家港日报》2018年08月）

农村改革的重要推动者杜润生——

一生心系农民

2008年深秋，九十五岁高龄的杜润生老先生领了一个具有特殊意义的奖：第四届中国发展百人奖终身成就奖，且是唯一一个全票通过的奖项。人们用这样一种朴素的方式向杜老致敬——感谢他为农村土地制度改革做出的巨大贡献。

"感谢大家给我发这个奖，"杜老颤巍巍地捧着奖牌，声音有些发抖，因为年事已高，颁奖典礼在杜老家中进行。"农村改革开放已经30年了，取得举世瞩目的成就，除了党的领导，主要是依靠农民的努力和创新。"一生致力于农村土地制度改革和农业发展的杜老在领取终身成就奖时，依然念念不忘农民兄弟，在简短的获奖感言中，"农民"二字出现了六次。

"目前，农民作为人民的主体，还是个弱势群体，所以必须加倍关心和爱护。不能使社会上的强势群体和弱势群体互相对立，要创造一个和谐社会。我们党代表人民的共同利益，而农民还有自己的特殊要求，需要有一个自己的组织充当代言人"。杜老沙哑的喉咙透着薄暮的苍凉，他仿佛又看到了在中国广袤农村大地上数亿农民谦卑忙碌的身影。二十年前，他呼吁过这个问题，如今，他依然在为农民兄弟的利益呐喊，这位质朴的老人，一生的心血都撒向了农村、农业、农民。

人生沉浮

1947年，随刘邓大军第一批南下挺进中原的杜润生时年三十四岁，当时在新成立的中共中央中原局任秘书长。关于此前的历史，杜老鲜有提及。那应该是每个革命先辈的集体群谱——家境贫寒，寻找救国救民的道路，在共产党的队伍中找到共鸣并有了一席之地。

担任中共中央中南局秘书长的杜润生在1950年开始走近土地改革议题。"1950年初，中国决定召开全会，土地问题是议程之一。为了起草土地改革报告，我两次被召到北京。"杜润生在其自述《中国农村体制变革重大决策纪实》中这样写道。

在香山双清别墅，杜润生见到了毛泽东主席，这也是杜润生在新中国成立后第一次见到毛主席。杜润生关于土改的报告得到了毛主席的同意批示。后来杜润生又提出土改应分三个阶段进行，对此，毛主席再一次认为很有必要。

杜润生在土改时的优秀的表现给毛泽东留下了深刻印象。1953年，杜润生上调北京，担任刚刚成立的中央农村工作部秘书长一职，邓子恢任部长。设立中央农村工作部，目的是推行以后的农业合作化。

杜润生再次受到毛主席召见。但这一次，杜润生的某些观点和毛主席的有了分歧。毛泽东对农村的改造思路是先改变所有制再发展生产力。杜润生认为，土改之后，农民才从地主那里获得土地，成为自己的财产，自然要求独立自主地经营发展。杜润生将自己的想法透露给了陈伯达，给上面留下了一个怀疑马克思主义的狂傲形象。

1955年，杜润生和邓子恢由于推进互助合作的步调慢受到毛主席的不点名批评。很快，中国农村基本全面实现了"合作化"。一向主张谨慎、稳健政策的杜润生步入政治生涯的低谷。中央农村工作部被解散，中央解除了杜润生中央农村工作部秘书长的职务。

当时党内有个别人提议要严加追究邓和杜的责任，毛泽东说，"杜某是一个好同志，土改是坚决的。对于合作化，社会主义革命缺乏经验，到下边实践一段就好了。"按照毛主席的意思，杜润生是要去基层的，后来因为中国科学院规划需要人才，杜润生留在了中国科学院，任中国科学院党组副书记和秘书长。为中科院的规划做了大量工作。

在这一段时期，正如杜自己所说："虽然离开了农村工作，但情不自禁，依旧关怀着农民、农村和农业问题。"他读了许多书，在对马克思主义的认识上有了新的飞跃——他认为，如果仅靠将农民的土地财产充公去形成"联合体"，则难以生长主体意识和民主意识，难以摆脱依附与被依附的关系。另一方面，被依附的队长、社长也容易变成特殊于群众利益的权力垄断者，出现像苏联在社会主义制度下农村所发生的消极现象。因此中国的农村需要另找出路。

"一号文件"诞生始末

"一号文件"的出台奠定了中国农村土地包产到户的基础，杜润生是这个政策的起草者亦是重要的推手。杜润生的历史再一次开始浓墨重彩。1980年，刚重返农口工作的杜润生，开始着手制定新一轮土地制度改革的相关政策。

从大锅饭到包产到户，中间阻力重重，虽然杜润生提出"贫困地区试行包产到户"的建议得到姚依林副总理的同意，虽然小岗村18户农民的创举得到邓小平同志的赞扬，但在随后的中央省市区第一书记座谈会上，杜润生起草的"只要群众要求就允许包产到户"的政策建议还是遭到了大多数人的反对。意见严重分歧使得会议无法继续，杜润生在胡耀邦，万里的支持下巧妙地加了如下一段话：集体经济是我国农业向现代化前进的不可动摇的基础；但过去人民公社脱离人民的做法必须改革。由此，形成了著名的75号文件。

"75号文件是一份承前启后的文件。它肯定了包产到户是一种为群众乐于接受的责任制，承认群众自由选择的权利，不能自上而下用一个模式强迫群众。"杜老说，在1982年第一个"一号文件"出台之前，我们主要做了一件事，就是推进农民自发的创造——包产到户"合法化"。杜润生组织了17个联合调查组，分赴15个省调查包产到户。

一生致力于农村土地政策研究的杜润生一贯坚持实践调查为主，即便是到了古稀之年，依然乘着颠簸的吉普车南下北上。

据当年参加起草文件的原江苏省政协秘书长吴镕回忆，在起草文件过程中，常常为一字一句，争得面红耳赤，为了解决对"雇工"的讨论问题，杜润生为此专门派纪登奎赴东欧考察。林子力等理论组同志跑了江苏等几个省。

在75号文件的基础上，杜润生与其所领导的研究室历时一年调查讨论后，在1982年，在中央的支持下，起草了一锤定音的"一号文件"（即《全国农村工作会议纪要》），正式肯定了土地的家庭承包经营制度，结束了对包产到户长达20多年的争论。

"这个文件的核心，是第一次以中央的名义取消了包产到户的禁区，尊重群众的选择，并宣布长期不变。文件的另一要点是尊重群众的选择，不同地区，不同条件，允许群众自由选择。"杜老回忆说，"这个文件报送给中央，邓小平看后说'完全同意'。陈云看后叫秘书打来电话说：这是个好文件，可以得到干部和群众的拥护。"

此后5年，每年的中央"一号文件"都是谈农业问题。杜润生年初布置调查题目，秋季总结，酝酿，探讨，冬天起草，次年年初发出。杜润生提出的包产到户政策得到了有力落实。

在1982年至1986年五个中央"一号文件"中陆续提出"农林牧副渔全面发展，农工商综合经营"的方针，改革统购统销制度，发展兼业农，兴办乡镇企业，吸收农村闲置劳力1亿多人农外就业，形成我国一项民营经济新增量，促进自给农业向商品农业转化，以养育更多人口去发展工业、服务业，并向工业社会过渡的相关政策方针等。有人称杜润生为党内的改革派，有人称他为经济学家。但他一直在强调，自己的思想从来是在农民的自发行为、地方的选择和历史经验的教育下逐步形成和变化的，绝非先知先觉的"一贯正确"。

继1986年"一号文件"之后，1987年确定了深化农村改革的三项目标。但是杜老依然心存隐忧："理论上揭示不等于实际上解决问题。中国农业的进一步改革，受制于城市国有经济改革和政治体制改革。当时我们认识到，中国的农村改革，一切"便宜"的方法已经用尽；如果不触动深层结构，就很难再前进一步。正是因此，农村改革一系列"一号文件"的历史使命告一段落。至今，中国农村改革并未终结，必须从全局改革中寻找前进道路。"

"现在，我把这个愿望移交给诸位。"

历史的镜头拉到了2008年，中共十七届三中全会做出的《中共中央关于推进农村改革发展若干重大问题的决定》（以下简称《决定》），再次拉开中国农村土地制度改革的大幕：将土地承包制从长期不变改为长久不变，允许农民以多种形式流转土地承包经营权。很多人看到了此间蕴涵的能量，认为它是解放农村生产力的又一次巨大推动，它的突破性不亚于当年杜润生主持草拟的"一号文件。"

值得一提的是，杜老看到进入90年代后中国城乡差距逐渐拉大的事实，多次建议国家增加对农业的财政支持，并给农民完全的国民待遇，赋予农民长期并有法律保障的土地使用权、收益权、转让权和处置权，与此相联系，提倡依照宪法规定，重视保护农民土地财产权利，整顿土地市场，规范国家征地、企业用地，防止来自任何方面的侵犯。杜老在这方面的推动和呼吁，为十七届三中全会通过《决定》起到了积极的作用。

至今，杜老依然念念不忘的是农民，"中国最大的问题是农民问题，农民最大的问题是土地问题。关于农村土地使用权流转，当前最重要的是培育农地流转市场。保障农民土地承包权的流转权益不被基层政府侵害。"杜老一再强调："土地使用权流转要有序。"

杜润生一生桃李满天下，所带的学生现在大都已经成为国之栋梁，周其仁曾经这样评价他的恩师杜润生：他拥有厚实的农村、农民和多方面的知识，但一辈子注重调查研究，对新情况、新问题永远抱有强烈的求知欲望。

（作者为王瑞芳，《中华儿女》2008年12期）

基础教育改革的优秀教师代表于漪——

一辈子做教师，一辈子学做教师

2019年9月29日上午10时，中华人民共和国国家勋章和国家荣誉称号颁授仪式在人民大会堂隆重举行。获得者中，有一位从中学课堂里成长起来的"人民教育家"于漪，她是基础教育界唯一获此殊荣者。这一褒奖，距离去年党中央、国务院授予她"改革先锋"的荣誉称号，相隔9个月。

1951年，于漪从复旦大学毕业走上教师岗位，迄今68载，从未离开过基础教育的讲台。她的一生都在三尺讲台坚守，胸怀江河世界，渡人无数，桃李万千；她坚持教文育人，主讲了2000节省市级以上公开课，写下数百万字教育著述，将各种"不可能"变为可能；她从语文教学改革起步，推动全国语文课程教学综合改革，获得了来自政府和业界的所有荣誉。

于漪，可以说是整个中国教师群体心中的偶像，虽然她有许多个称呼，但她最喜欢的称呼还是"老师"。今年9月，上海等六个省市的高一年级，启用教育部统编的语文等三科新教材，90岁的于漪拖着病痛的身体，针对高中语文课程标准制定提出建议，依然以奋斗姿态站在教育改革和教师培养最前沿，践行着"让生命与使命同行"的铮铮誓言。

教师首先是个大写的人

于漪有句名言："一辈子做教师，一辈子学做教师。"教师这个职业寄托着她一生的追求与热爱。

于漪生长于风雨如磐的年代。1937年，日本侵略者铁蹄长驱直入，家乡危在旦夕，于漪就读的江苏镇江薛家巷小学即将解散。在最后一堂课上，音乐老师教同学们唱《苏武牧羊》，唤起了于漪幼小心灵的爱国觉醒。在连天炮火中，于漪辗转考到了镇江中学，在老师的悉心教导下，她深刻认识到求学的目的正是解救苦难民族于水深火热之中，从愚昧走向文明。

1947年，18岁的于漪考入复旦大学教育系。大学里，曹孚、周予等教授严谨治学的品格和精神，深深地影响了她。1951年，22岁的于漪毕业，被分配到上海第二师范学校担任语文老师，第一次登上讲台，她非常紧张。一课终了，组长徐老师说："你虽然在教学上有许多优点，不过语文教学的这扇大门在哪里，你还不知道呢。"

语文教学的大门在哪里？于漪一辈子都在寻找，从复旦第四宿舍到几条马路之遥的四平路，于漪走了整整34年，穿过忙碌的人潮，喧嚣的市声，她脑海里却上演着课堂上的一幕一幕。"每天早上走一刻钟的路，就在脑子里过电影，这堂课怎么讲，怎么开头，怎么铺展开来，怎样形成高潮，怎样结尾。"

于漪为自己准备了"两把尺子"：一把尺子量别人的优点，一把尺子量自己的不足。白天，她站在教室窗外，看别的教师怎么上课；晚上，对着参考书仔细琢磨。就这样，精彩的思考成为了她教学中的养分，缺点也慢慢克服，教学育人渐入佳境。

1977年，电视里直播了一堂于漪执教的语文课《海燕》，当时全国人民守在电视机前，争睹她上课的风采。在语文教师们的眼里，于漪老师就是教育界的"明星"。也正是在那一年，于漪带教过的77届的两个毕业班，原本底子薄弱的学生们竟然在毕业时100%考取了大学。1978年，工作突出的于漪被评为全国首批特级教师。

于漪说，教育秘密在于从来不以分数评判学生，而是提倡"教文育人"。那年，报告文学《哥德巴赫猜想》发表，兴奋的于漪找到学校数学老师，说"我们唱个'双簧'，你给学生讲陈景润的科学贡献，我讲陈景润为科学献身的精神"。在于漪看来，语文教育一方面要教会孩子理解运用语言文字，更重要的是建设其精神家园，塑造其灵魂。

就这样，凭着超前的教育理念，1985年于漪走上了上海第二师范学校校长的岗位。在教师队伍涣散、校舍衰败的艰苦条件下，于漪做了大刀阔斧的颠覆性改革，比如，教师实行坐班制，学生一剪头发，二穿校服；抓两代师德教育，规定社会上流行的，学校不一定都提倡，请盲人乐队讲述生活强者，离休干部作革命传统教育等。

20世纪90年代初，语文学科开始被工具性左右时，于漪撰文《改革弊端，弘扬人文》，提出"工具性与人文性的统一是语文学科的基本特点"，这一观点写入21世纪语文课程改革的课程标准，深刻改变了语文教学的模式。进入新世纪，她还提出语文学科要"德智融合"，主张立体化施教、全方位育人，获得全国认可。正是于漪对教育的初心不改，对民族的坚定信仰，让她柔弱的身体迸发出旺盛的生命力。

学生就是我的天下

于漪常说，"师爱超越亲子之爱""学生就是我的天下"。这位老师教过的学生，十几年后再来看望她，还能把她在课堂上讲过的话一字不差地背出来，有的还能记起当时她在黑板上的板书。

一位青年老师坦言，从1976年开始，听了3000节于老师的课，没有发现她上课有过任何重复的内容。哪怕是一篇课文教第二遍、第三遍都不一样。

于漪认为，"我讲你听"的传统教学应改为网格式的互动教学。她认为学生是可变的X，老师的任务正是用敏锐的眼光让每个学生都成为发光体。上海市特级教师、杨浦高级中学语文教师王伟，是于漪在上世纪80年代的学生代表，他在接受《新民周刊》采访时说，于漪教他的三年里，有许多个印象深刻的"第一"。

记得一堂公开课上，于漪给同学们布置了题目为"一件有趣的事"的练口作业，王伟第一个举手走上讲台演讲马戏团猴子爬杆，得了80分的高分。"这个80分给了我自信与勇气。"每堂课前，于漪只布置一个任务——预习课文，认真朗读，仔细阅读，课堂上提出问题，最好能提出难住老师的问题，这对王伟来说，也是对语文学习全新的颠覆。

"那时没有网络和参考书，同学们私下你追我赶，在一堂《变色龙》的公开课上，同学上台板书没有波澜，于老师改完后掌声雷动。"王伟回忆，那不是作秀，而是不动声色地把你的问题解决了，这才是真功夫。之后，王伟又经历了第一次独立编小报，第一次自立主题，采访写作，再进行排版、编辑、美化……

现任杨浦区委组织部副部长、区老干部局局长的卜健，从16岁到19岁，在第二师范学校度过了整整四年，据卜健回忆，上世纪80年代穿校服还是一件新鲜事，当时，二师女生占80%以上，得知学校要求统一穿校服，大家都很抵触。于漪知道后，鼓励学生参与设计、比选、做方案决策。当大家拿到校服后，伤感一扫而光。

"校服是藏青色系，上装西装领夹克式样，下配直筒裤或A字裙，内搭白衬衫，大红色的领带，还有一双白色中筒线袜、丁字黑皮鞋。稳重得体、落落大方，又富有时代性。当时二师学生穿校服、戴校徽结伴出行，成为马路上的一道靓丽的风景线，赢得不少回头率。"卜健说，于老师成功以校服建构师范生正气、自律的社会形象，并让二师一跃成为上海乃至全国培养小学师资的龙头学校。

于漪老师这辈子没有骂过任何一个学生，始终以包容的态度，走到学生心里，与他们平起平坐。一次家访，于漪看到学生一家五口，住在只有12平方米的破房子里，难过得流下了眼泪。在那个经济条件普遍不宽裕的年代，于漪把所有的积蓄都用在孩子们身上，对自己的孩子却一再省俭，她的儿子黄肃曾回忆说，直到28岁结婚他都没穿过一双皮鞋。

到了耄耋之年，于漪开始研究起了周杰伦和《还珠格格》。因为她发现，孩子们都被"圈粉"了，而自己喜欢的一些比较资深的歌手却很难引起学生共鸣。有学生直言："周杰伦的歌好就好在学不像。"

于漪找出学生喜欢周杰伦的两个原因，《青花瓷》等歌词是从古典名章中寻找灵感，借鉴了传统文化元素，所以学生乐意亲近；现代独生子女无人倾诉，烦闷时哼哼周杰伦的说唱音乐是很好的宣泄。许多学生得到了于老师的理解，师生老少笑作一团。

"对待孩子应当丹心一片。是全心全意，还是三心二意，学生心中一清二楚，没有爱就没有教育，只有把真爱播洒到学生心中，老师才在学生心中有位置。"于漪，正是凭借对语文教育的精神追求，与学生共建一幢立意高远的精神大厦，启蒙一代代学生独立思考、得体表达，成长为丰富有智慧的人。

青年教师的"垫脚石"

有一年大年初二，媒体记者到于漪家采访。一开门，满屋子的学生好不热闹。于漪喜欢跟年轻人在一起，为他们搭建成长的平台，是她认为最重要的事情。"所有年轻教师来我家请我给他们的新书作序，我从不拒绝。现在的年轻人想要成长、要出头不容易，我们要拉他们一把。"于漪笑着说。

早在上世纪90年代初，于漪刚刚退休，就有民办学校开出60万元年薪聘她作"特别顾问"，她婉言谢绝。那时，于漪退休工资是每月一千多元。在谈及为何将高薪拒之门外时，于漪这样说："我还有点本事，能够培养师资，我带了几代特级教师出来，一个人的精力是有限的，能成为大家的垫脚石，我终生有幸。"

之后，于漪首创"师徒带教"模式——师傅带徒弟、教研组集体培养、组长负责制，亲自带教全国各地青年教师；到去年为止，这位老人已经连续八年担任上海市语文学科德育实训基地的主持人，培养远郊区的年轻教师，每月一次8个小时的活动，她一场不落。

上海市特级教师、市教委教研室副主任谭轶斌，10年前，有幸"回炉"成为上海市语文名师培养基地学员，至今她也忘不了与80岁的于漪老师的"金山之行"。那次基地活动在远郊金山的华师大三附中举行，大家费了不少口舌劝于老师不必亲自到场，于老师却不肯："只要是我基地学员所在的学校，即使再远，也不能落下。"

一大早，于漪准时来了，坐了近两个小时的面包车，于老师的腿脚肿了，可一到华师大三附中，她就一头扎进教室听课；中午时分，她快速扒了两口饭，撂下筷子赶去教室，和同学们见面，孩子们的问题像连珠炮似的，谭轶斌想从中"挡驾"，但被于漪拒绝，她说对孩子们的请求她不会说"不"。

正是这样的精神感召，一批批青年教师脱颖而出，形成了全国罕见的"特级教师"团队。从20世纪80年代开始，她先后培养了三代特级教师，共"带教"100多名全国各地的青年教师，涌现出一批知名的教学能手。于漪很感慨又十分欣慰："真的很累很累，但我觉得能把自己有限的经验，在别人身上开花结果，这就是一种幸福。"

在新教师培训中，于漪多次引用英国小说《月亮与六便士》来阐明观点：首先心中要有月亮，也就是理想信念，去真正敬畏专业、尊重孩子，还要有学识，如此才能看透"六个便士"，看透物质的诱惑。"满地都是便士，作为教师，必须抬头看见月亮。"

要想走进学生的内心，还必须"一辈子学做教师"。于漪告诉青年教师，最重要的是在实践中不断攀登，这种攀登不只是教育技巧，更是人生态度、情感世界。

于漪的孙女黄音，如今也投身于教育事业，在她幼时的记忆里，奶奶在做完家务之后，总是坐在台灯旁，边翻阅资料，边做笔记，沉醉其中。而不足三平方米的阳台上，是爷爷的藤椅，一本书，一把茶壶，就是一个充满了书香的下午。"从小到大奶奶像一盏灯塔，指引着我。"

在于漪家里有一本她专用的挂历，挂历上几乎每一个日子都画上了圈，不少格子里还不止一个圈。她用"来不及"形容自己的工作，因为还有太多事情值得她"较真"，中国教育必须有自己的话语权。

当教育功利化现象愈演愈烈，家长忙于帮孩子报名补习班，学校只盯着升学率的时候，她呼吁："教育不能只'育分'，更要教学生学会做人。"当看到小学生写下祝你成为百万富翁""祝你成为总裁"的毕业赠言时，于漪深感忧心。"'学生为谁而学、教师为谁而教'这个问题很少人追问，教育工作者应该在学生的学习动机和动力方面多下点功夫。"

从教68年，从受业于师到授业于人，于漪从未离开讲台。她臂膀单薄一身正气，始终挺着中国教师的脊梁。她说："老师使我从无知到有知，从知之甚少到懂得做人道理，做老师是件了不起的事，这是我这辈子最崇高的目标。"

（作者为吴雪，《新民周刊》2019年第39期）

知识型企业职工的优秀代表巨晓林——

从农民工成为国家技能大师

巨晓林参加工作30年，从一名普通的农民工成长为享誉全国的"知识型新型工人、农民工楷模"，先后荣获北京市劳动模范、全国五一劳动奖章、全国劳动模范、国家技能大师、全国创先争优优秀共产党员等荣誉称号，光荣当选为党的十八大、十九大代表、第十二届全国人大代表和中华全国总工会兼职副主席。他矢志不渝，自强不息，用信念和意志叩开了梦想的辉煌殿堂之门，用心血和汗水谱写出人生的精彩华章。

敢于有梦

1987年3月的一天凌晨，陕西省岐山县祝家庄镇杜城村还笼罩在一片夜色之中，只见一个瘦小的身影，背着行囊，迈着欢快的脚步，走出了村庄。这个从岐山脚下走出的人便是25岁的巨晓林。

尽管春寒料峭，巨晓林却越走越有劲，越走心里越亮堂。因为希望之门已经为他敞开了，他要去中铁电气化局，当一名农民工。

20世纪50年代，国家修建的第一条电气化铁路宝成线宝鸡至凤州段经过他的家乡，很多同乡都参加了这条铁路的建设工作。他从小就喜欢铁路，喜欢火车，听到很多铁路电气化工人不怕千辛万苦为祖国修建铁路的感人故事，梦想有一天自己也能穿上蓝色制服，成为一名铁路电气化工人。

巨晓林要当修建电气化铁路的农民工了，一家人都非常高兴。在他临走前，父母一再嘱咐他："晓林，找个工作不容易，你一定要好好学，好好干！"

巨晓林的行囊里只有几件干活儿时穿旧的衣服和母亲煮的几个鸡蛋。他特意找到一个小小的笔记本装在身上……

这天上午，巨晓林赶到15公里外的蔡家坡站，踏上了北去的列车。这是他第一次坐火车，他为自己今生能与铁路电气化结缘而感到庆幸与自豪。

勇于追梦

带着对新生活的美好憧憬，巨晓林加入了铁路电气化建设大军。

刚上班的时候，巨晓林对铁路电气化技术是睁眼瞎，看着一张张犹如天书的施工图纸和一堆堆叫不上名称的接触网零部件，他有点发懵。带他的师傅鼓励他说："你别着急，慢慢来，只要下苦功，没有学不会的，我就是这么过来的。"他把师傅的这句话牢牢地记在了心里，白天跟着师傅学，晚上撵着师傅问，营地熄灯以后，他还悄悄地打着手电筒学习，把学到的技术要领记在本子上。有工友问他："你一个农民工，学那玩意儿有啥用？"他说："咱一个农家子弟，找份工作不容易。干，就要干好！咱农民工也要努力学技术，成为懂行的人。"在以后的工作中，他铆足了劲儿，决心在铁路接触网这一行干出点名堂来，为农民工兄弟争口气。

铁路接触网是一个技术密集型工种，为了掌握施工技术，他买了《钣金工艺》《机械制图》《接触网》等30多本专业书，其中有一些还是大学的课本。无论工地转移到哪儿，他都把这些书带在身边，抓住一切可以利用的时间去学习。为了支持巨晓林学习，项目部领导打破常规，特批巨晓林宿舍熄灯时间可以推迟一小时，工友们也主动找来专业书、买来笔记本送给他，这更激发了他的学习热情。

铁路电气化施工技术含量高，劳动强度大。1989年夏天，巨晓林和工友们在北同蒲铁路工地进行接触网架线作业。这项工作每到一个悬挂点，都要有人肩扛电线爬上爬下，十分辛苦。一天下午，一场大雨突然袭来，工友们都去躲雨了，巨晓林披着雨衣留在工地照看工具和材料。他望着杆塔上的悬挂点盘算着：用一个啥办法，能省点力气呢？通过观察和测算，他用一个铁丝套挂住滑轮试了试，果然能省不少劲儿。他立即把这个方法告诉了工长。大家按照他说的办法架线，功效一下子提高了两倍。这天干完活儿，收工的时候，工长特意买了一些冰棍，奖给巨晓林，他都分给了工友们。工长对全班工人说："今天，咱们都沾了巨晓林的光啊！"看到自己的"点子"得到了工友们的认可，巨晓林心里十分高兴。从此，他的工作服口袋里便多了一个小本子，施工中不管碰到什么问题，都随手记下来，一有空儿就去琢磨，养成了爱动脑子的习惯。

勤于筑梦

随着我国铁路的快速发展，一批又一批农民工来到铁路电气化工地。看到一些新来的工友学习接触网技术有点吃力，巨晓林便萌生了编写一部《接触网施工经验和方法》工具书的想法。他要把自己的经验传授给新来的工友，让他们早一点成为铁路电气化施工的骨干。

写书，对于他这个高中生来说，就像是攀登一座高山。有人不理解，说他是自找苦吃。他听了并没有气馁。因为他心里始终揣着一个梦想："要用知识武装自己的头脑，要用技术提高农民工的地位！"

2003年，因企业任务不足，一大批农民工休假了。作为一个农民工，待业可能意味着失业。巨晓林即使回到家里，仍然不忘坚持学习，坚持写作。一天清晨，他发现自己的笔记本和书不见了，便问妻子，妻子不吭气，又问了一遍，妻子火了，气冲冲地说："我把它扔灶炕里烧了！老巨呀老巨，好不容易盼到你回来了，你都失业了，还写哪门子书！书能当饭吃？"说着说着，妻子伤心地哭了。此时此刻，巨晓林心里有说不出的滋味，从内心感到愧对妻子。为了表达内心的歉疚，他给妻子写了一首小诗："冬天里，我把一个最美妙、最美好的梦，种在心田，抚育着、抚育着，希望它早点发芽、开花……"妻子看后怒气渐渐消了，还让他把"冬天"改成"春天"，深情地对丈夫说："晓林，春天才是发芽的季节呀，我想通了，支持你！"

在单位领导、工友们和亲人的支持下，经过3年多的艰苦努力，巨晓林终于完成了《接触网施工经验和方法》书稿的写作。中铁电气化局组织有关专家对书稿进行了科学论证和精心修改，编印成书，发到全局数千名接触网工手中。在公司职代会上，巨晓林发表了《农民工也要有知识、有技能、敢为人先》的主题演讲。他饱含深情地说："党和政府给了好政策，企业搭建了广阔舞台，只要肯努力，人人都可以成才。"

2010年5月，巨晓林作为高技能人才，被选调到举世瞩目的京沪高铁参加施工技术攻关，公司聘任巨晓林为"工人导师"。巨晓林所在的一队三班被公司正式命名为"巨晓林班组"。

在京沪高铁施工中，巨晓林和工友们发扬"挑战新时速，砥砺再奋进"的电气化高铁精神，着眼于解决现场施工难题，对接触网工人攀爬H型钢柱专用脚扣进行技术革新，提高了接触网工人高空作业的安全和效率。他完成的《提高京沪高铁数据测量一次合格率》科研课题，获得中国中铁股份公司最佳成果奖，并在全线推广。在合福客专施工中，他共改进、发明了包括"双级电动隔离开关安装法""巧摘空中紧线器、滑轮法"等30余项工艺工法，涵盖了高铁接触网施工多道工序。他主导开发的《降低合福客专四电接口施工不合格率》QC成果，保证站前工程的沟槽管道预埋安装一次到位，施工成品全部达到优秀标准，获得全国工程建设优秀质量管理小组一等奖，研制的"支柱限界测量工具"获得国家实用新型专利。

2012年2月，巨晓林荣获铁道部京沪高速铁路"十佳建设标兵"称号。"巨晓林技能大师工作室"在中铁电气化局一公司挂牌成立，巨晓林成为全国铁路电气化建设领域高技能领军人才。

巨晓林自豪地说："铁路电气化事业，是我实现梦想的舞台，能亲手建造世界一流的高速铁路，是我一生的荣光。"

臻于圆梦

2012年11月8日，巨晓林肩负着中国中铁电气化局和北京市180万党员的重托，步入庄严神圣的人民大会堂，光荣地出席了党的第十八次全国代表大会。听了大会工作报告，晚上他失眠了，头脑里像过电影一样，浮现出大会的情景，心里总有一件事情放不下。从工地来北京时，工友们托付他好好听报告，把党的好政策带回来，他感到肩上的责任沉甸甸的。

忽然，他心中一动："找到了，找到了……"

他无法抑制内心的喜悦，拿起笔来创作了一幅特别的漫画，这个漫画是一个放大镜，放大镜里面有一颗赤诚的心，他用这个赤诚的心在十八大报告中找到了方向，找到了党和国家建成小康社会的信心，也找到了自己和亿万农民工兄弟的热切期盼。在参加北京代表团分组讨论时，他展示了自己创作的这幅漫画，在朗诵漫画上《找到新期盼》这首小诗的时候，他再也无法抑制内心的感动，他哽咽了。代表们给了他热烈的掌声。这掌声里饱含了理解、饱含了共鸣、饱含了鼓励。十八大新闻中心为巨晓林安排了中外媒体集体采访活动，中央电视台、工人日报、北京日报等首都主要新闻媒体在重要时段和显著版面对巨晓林作了采访报道，巨晓林成为十八大最受关注的草根明星。

2015年3月5日，第十二届全国人民代表大会第三次会议在北京人民大会堂开幕。新增补的全国人大代表、中铁电气化局集团一公司高级技师巨晓林首次参会，代表全国亿万农民工群体，提出了依法维护农民工合法权益的建议，受到新闻媒体广泛关注。

2016年1月17日，中华全国总工会十六届四次执委会选举巨晓林为中华全国总工会兼职副主席，全总领导机构首次出现了普通农民工的身影，标志着中央群团机关改革试点取得突破性进展。

为了帮助巨晓林尽快进入领导角色、履行好自己的职责，中华全国总工会党组书记、副主席、书记处第一书记李玉赋对巨晓林提出殷切期望："晓林同志当选全总副主席，受到社会广泛关注。晓林同志不仅是副主席，还是劳模，还是技能大师，发挥作用的渠道更宽了。既要发挥联系群众、参政议政的作用，又要发挥劳动模范的示范作用和技能大师的传帮带作用。"巨晓林表示："感谢组织的信任和支持，我一定会加强学习，努力工作，把职工群众的意见和建议带上来，把党的要求和关怀带给职工群众，调动职工群众的积极性创造性，为全面建成小康社会多做贡献！"

当选全总副主席和十二届全国人大代表，巨晓林也获得史上"最牛"农民工的雅号。

巨晓林十分珍惜参加全国两会建言献策的机会。无论是参加全体会议还是小组讨论，他都提前10到20分钟到场，翻看前一天的会议记录、准备当天的发言提纲。

巨晓林的笔记本上，密密麻麻记录着每一场会议、每一位代表的发言要点，对特别感兴趣的部分，他还会用红笔画上标记。

巨晓林说："当选全总副主席后，我更认识到肩负重托、责任重大。人大代表来自各行各业，每次开会听他们发言，我都学到很多东西！"

2017年10月19日上午7时30分，在党的十九大"党代表通道"第二场采访活动中，党的十九大代表巨晓林说："维护农民工合法权益是工会义不容辞的责任！"

2017年11月，中国中铁股份公司授予巨晓林"工匠技师"任职资格，从普通农民工到技师、高级技师、特级技师、工匠技师、国家技能大师、全国劳动模范，一天天坚持、一步步跨越，巨晓林在不懈奋斗中实现人生价值、绽放人生光彩，书写了中铁电气化人追梦、筑梦、圆梦的传奇故事。

2018年10月29日，习近平总书记在中南海会见中华全国总工会新一届领导班子成员并与大家一一握手，当再次与总书记温暖的手握到一起的时候，巨晓林感受到总书记的信任和期望，巨晓林向总书记简要汇报了自己担任全总兼职副主席的工作情况。巨晓林饱含深情地说:"我要把再次当选全总兼职副主席作为一个新的起点,忠诚履职、积极作为,努力维护职工合法权益,竭诚服务职工群众,发挥好示范带头作用,同中国中铁和全国亿万职工群众一道,为实现党的十九大提出的目标任务而不懈奋斗,决不辜负总书记的信任和职工群众的期盼。"

担任全总副主席两年来,巨晓林参加了100多次各类社会活动,有全国两会、北京市两会、中国中铁的职代会,还有定期召开的全总主席团会议和到地方调研、慰问,虽然在工地从事老本行的时间少了,但是,他仍然钟爱着电气化铁路和高速铁路施工技术创新工作。巨晓林不忘初心、牢记使命,带领"技能大师工作室"的能工巧匠,以促进安全生产、提高生产效率、提升产品质量和推动节能减排为重点,广泛开展技术攻关、技术革新、发明创造、合理化建议等活动,近两年工作室取得合理化建议、QC成果等职工技术创新成果346项,有80多项成果获省部级以上表彰,30多项成果已在企业得到应用推广,产生直接或间接效益2000多万元。

在改革开放杰出贡献表彰人员代表座谈会上,巨晓林作了发言。他说,参加党中央举行的庆祝改革开放40周年大会,聆听习近平总书记的重要讲话,自己深受教育、备受鼓舞。党中央、国务院授予我"改革先锋"这一崇高荣誉,不仅是对我个人工作的最高褒奖,更是对全国亿万农民工为祖国社会主义现代化建设作出贡献的充分肯定。奖章铭记着初心、荣誉承载着使命。习近平总书记强调,伟大梦想不是等得来、喊得来,而是拼出来、干出来的。说一千,道一万,不如扑下身子干!我一定牢记总书记的教导和嘱托,增强"四个意识",坚定"四个自信",做到"两个维护",高举习近平新时代中国特色社会主义思想伟大旗帜,带头弘扬"忠诚、实干、创新、奉献"主人翁精神,不负时代使命,勇做开路先锋，为党和人民再立新功！

巨晓林是新时代工人阶级的一面旗帜，也是中铁电气化局数万名干部职工的优秀代表。中铁电气化局大力弘扬以"忠诚、实干、创新、奉献"为基本内涵的"晓林精神"，企业设立了职工技术比武劳动竞赛"晓林杯"、职工优秀技术创新成果"晓林奖"和建设工地"晓林精神文化墙"，用"晓林精神"教育和激励全体职工争当中国高铁建设的排头兵，以"当好主人翁、建功新时代"为主题激发职工群众创新创业创优活力，为实现"人和业兴 企强工富"的共同梦想不懈奋斗，在决胜全面建成小康社会、建设社会主义现代化国家新征程中展现新作为。

"一个有希望的民族不能没有英雄，一个有前途的国家不能没有先锋。"巨晓林从一个普通的农民工成长为国家技能大师、全国劳动模范并参政议政，所有的成长进步都源于他不忘初心，牢记誓言，在为人民服务的平凡岗位上一步一个脚印，迈出了坚实的步伐，走进了崇高的精神境界。他和王进喜、王崇伦、孟泰等千千万万个英雄模范一样，在平凡的岗位知难而进、迎难而上，做出了不平凡的业绩，诠释了人生的意义。在他的身上充分体现出我国工人阶级对党忠诚、崇尚实干、勇于创新、乐于奉献的优秀品格，他用实际行动诠释了劳模精神劳动精神工匠精神，唱响了劳动最光荣、劳动最崇高、劳动最伟大、劳动最美丽的主旋律，在改革开放伟大变革中谱写了一部奋斗者的精彩华章！

（作者为张世永，国务院国资委网站联合国资报告杂志、国资小新推出"改革先锋国企人"系列报道）

改革开放试验田"蛇口模式"的探索创立者袁庚——

坚定不移做"改革的促进派和实干家"

执掌招商局14年，袁庚创办了招商银行、平安保险、中集集团等企业，被誉为百年招商局二次辉煌的主要缔造者。

在更高的层面，他被称为中国改革开放具有标志性的先行者和探索者之一。12月18日，在庆祝改革开放40周年大会上，他被称为改革开放试验田"蛇口模式"的探索创立者。

但是，在他任职期间，适逢改革开放的初期，经常遇到质疑、反对的声音。但袁庚无所畏惧，他鼓励同事们要敢闯敢试，"我们愿意接受实践法庭的审判"，"要是失败了，放心，我领头，我们一起跳海去。"

2016年1月31日，袁庚辞世，享年99岁。多位党和国家领导人送了花圈。人民日报、新华社先后发文进行高度评价。

为了纪念袁庚，招商局在深圳为他树立了雕像；2015年整合重新上市的招商蛇口，上市代码选择了"001979"，也是为了纪念袁庚1979年开创的事业，"体现改革之脉在招商局、在蛇口永存"；招商局还把袁庚留下的"蛇口基因"作为企业文化的重要源流。

招商局董事长李建红在纪念文章中提出，"向前走，莫回头"，坚定不移地做"改革的促进派和实干家"，才是对袁庚老先生最好的纪念和告慰。

革命战士

袁庚的一生分为两个阶段。

"半生戎马固我江山智勇双全老战士,一心图强重塑民魂彪炳青史改革家",追悼会上的这副挽联是对袁庚前后两个阶段人生状态的最好概括。

巧合的是,这两个阶段,都是围绕着深圳的。

1917年4月23日,袁庚出生在深圳大鹏镇。1938年,正是抗日战争全面爆发,中国水深火热的年代。原名欧阳汝山的他毅然决然加入中国共产党,为了不连累家人,随母姓改名袁更,后因护照笔误为袁庚,这个名字便一直沿用下来。

之后,袁庚连年转战深圳周边多地,承担了开辟大陆、香港地下航路等重任。1948年,两广纵队成立,袁庚任纵队侦查科长、作战科长。之后他随军参加了济南战役、淮海战役。

1949年,袁庚以两广纵队炮兵团团长的身份率军一路南下,解放了仍处在贫困中的深圳——当时的袁庚大概不会想到,30年后,他将以另外一种形式,从经济上"解放"深圳。

新中国成立后,有着丰富外事经验的袁庚先后被派到越南、印度尼西亚、柬埔寨等地工作。期间,他完成了周恩来总理在雅加达参加"亚非会议"时的有关保障工作。

开放先锋

1978年,袁庚被委派到香港,担任招商局的主要领导。频繁往返于深圳、香港，让他对两地经济上的巨大差距有了最直观的认识。

当时的香港，繁华满目。而在蛇口——如今中国最具活力的区域，袁庚看到的，是一片荒滩。已经被革命解放了的乡亲们，为什么要舍命往殖民地跑？袁庚被这样的场景深深刺激到了。他认为，要改变这种状况，一定要变封闭为开放。

1979年1月31日，袁庚和当时交通部领导向国务院汇报在广东建立蛇口工业区的设想，当即得到批准。用袁庚的话说，"搞点试验，探索一下中国未来的经济走向"。

1979年7月8日，蛇口开山动土。隆隆的炮声，被后人认为是中国改革开放的第一声号角。

毫无疑问，这是一次艰难的尝试——蛇口工业区一没有被纳入国家计划，二没有财政拨款。袁庚拿到手的，一是500万美元以下的工业项目的自主审批权，二是允许向外资银行举债。

为了吸引外资，袁庚在权限范围内一再简化各项流程。

事后，香港远东集团主席邱德根回忆说："双方商谈投资建厂，仅仅用了一周时间就达成协议，这样的工作效率恐怕在内地是罕见的。"三洋电机（蛇口）公司副总经理辻井利之说："我在亚洲、非洲、美洲很多地方办过工厂，这里建厂的条件最使我满意。"

一时间，外资纷纷涌入。两年时间，蛇口的企业已超过百家。

为了避免泥沙俱下，袁庚定下了"来料加工、补偿贸易、技术落后、污染环境、挤占出口配额"的项目不引进的原则，确立了蛇口工业区生产型和外向型的大方向。

袁庚说，"我希望人们把蛇口看作一根试管，一根注入外来有益的经济因素对传统式的经济体制进行改革的试管。"

实际上，袁庚引进的不仅是经济因素。

创立蛇口工业区不久，袁庚就成立了招商局干部培训中心，引进、吸收、消化国外先进管理思想、技能，并把"培养和世界打交道的人"作为"校训"。

袁庚是这么提倡的，也是这么执行的。

袁庚创办招商银行、平安保险后，积极学习国际先进的经营管理理念。比如招商银行实行了"干部能上能下、员工能进能出、工资能高能低"的"六能"机制，平安保险探索了人才公开招聘，引进国外咨询公司等。

1980年1月，由招商局和丹麦宝隆洋行各出资50%，组建了中国国际海运集装箱（集团）股份有限公司。在袁庚的提议下，中集实施了董事会领导下的总经理负责制，还聘请了丹麦人做总经理——当时，《中外合资企业法》尚未出台。

在当时，这些探索无疑风险极大。

一次新闻发布会上，《明报》记者向袁庚发问："你在蛇口搞的是资本主义还是社会主义？"

面对这一尖锐问题，袁庚说，我们共产党搞社会主义的目标是为了国富民强。过去因为没搞好，内地很穷。"争论（主义）是无用的，我们不能让人民继续过苦日子。内地已经打开大门，欢迎大家去考察去投资，希望大家看准时机，一同发财。"

改革闯将

蛇口工业区的出现，在中国计划经济的铁幕上撕开了一道缝隙。市场经济开始在蛇口的土壤上孕育、成长，并最终被全国认可、接受。在这一过程中，袁庚发挥了不可替代的作用。

蛇口启动的第一个工程项目是建造600米的顺岸码头，工人每天运泥20至30车。为了加快进度，施工方决定实行超产奖励，即完成每天55车定额，每车奖2分钱，超额每车奖4分。工人们干劲大增，一般运泥达80至90车，多的甚至达131车。最终工程提前一个月完成，为国家多创产值130万元。

时任国务院副总理谷牧考察后，认为这个路数对头。

但不久后，相关部门却认为，这是倒退，并以文件的形式予以叫停。

施工速度理所当然地慢了下来。现场调查时，工人对袁庚说，"如果不实行奖金制度的话，我保证没有一个人愿意多干，拖就是唯一途径。"

袁庚当即表态说，想办法，奖金制度一定要执行。

两周后，一份反应情况的新华社内参送到了中央领导的案头。在中央的支持下，超产奖励重新开始执行，工地再次火热起来。

因为"四分钱"惊动中南海，可以想象当时改革的难度有多大。

实际上，这仅仅是袁庚推动的众多改革中不太醒目的一项。此后，蛇口陆续出现了工程招标、人才公开招聘、商品房改革、工资制度改革等新鲜事物。新中国第一家股份制企业、第一家股份制银行、第一家股份制保险公司等均诞生于此。

招商局董事长李建红总结说，从1979年到1984年，蛇口创造了"24项全国第一"，而这些"第一"也多数沉淀为当下中国市场经济的常态。

比如，袁庚创办招商银行之初，就推行了董事会聘请管理层，实施了董事会领导下的行长负责制，为招商银行后来居上的发展打下了良好的体制机制基础。

袁庚认为，这一系列改革的核心，就是为了帮助当时的企业冲破条块分割的旧体制束缚，真正按经济规律运作。因此，他在蛇口工业区大力削弱行政干预，强化企业功能。在袁庚的主导下，蛇口实现了政府从市场决策者、控制者转化为市场环境营造者、市场秩序维护者的转变。

各种束缚尽去的企业展现出了勃勃生机。

在蛇口，招商局先后布局了港口、金融、地产、物流、工业制造、科技、园区开发等业务，迎来了二次辉煌。包括华为、中兴、南玻、金蝶、安科等企业也在这里开枝散叶。

袁庚非常自豪地认为："一种新型的具有生命力的企业群率先在我国地平线上涌现，企业自主权的观念和作用已逐步为人们所认同。"

就在袁庚带着同事奋战在一线的同时，各种告状信裹挟着种种足以令人万劫不复的评价飞向中央，说袁庚搞独立王国，里通外国，腐化堕落……

各级部门为此派出了多个调查组前往蛇口明察暗访。压力之下，一些袁庚的同事申请提前退休。但袁庚不为所动，他鼓励同事们，"向前走、莫回头"，"我们愿意接受实践法庭的审判"，"要是失败了，放心，我领头，我们一起跳海去。"

当然，袁庚也不是孤军奋战。他得到了中央领导人的各种支持。

1984年3月28日，袁庚受邀到中央书记处扩大会议上作报告，介绍蛇口工业区改革开放的成功经验以及给国家改革开放带来的示范效应。第二天，《人民日报》在头版头条刊登报告全文，袁庚和"蛇口模式"得到了官方的正式认可。

此后，质疑渐少，赞誉日增。

袁庚对此非常冷静。他说，"一说什么成果就提到袁庚的名字，把功劳都归到一个人身上，这是不客观的"。

袁庚遗产

在袁庚掌舵的14年里，招商局资产翻了近200倍，百年招商局出现了历史上的第二次辉煌。由他创立的招商银行、平安保险、中集集团等企业至今仍是各自行业的佼佼者。

不过，在招商局董事长李建红看来，袁庚的遗泽远超于此，"他为人们所追忆和怀念的最宝贵的东西，他超越招商局、超越时代的最大的影响，是他留给我们的精神财富，也就是袁庚精神。"

1981年，袁庚提出了"时间就是金钱，效率就是生命"的口号。

据袁庚的朋友回忆，这一想法萌发于一次与港商的合作。

袁庚买了对方一栋楼，周五下午两点签约后，港商拒绝了晚餐的邀请，急着把钱存进银行，因为周末就存不了了——两天时间，会多出几万元利息。

这促使了袁庚提出上述口号。他认为，观念与改革相辅相成，要使改革取得成功，观念的转变很关键。

很快，这种不合时宜的说法成为"姓社姓资"争论的火力集中点，包括很多老战友在内的人开始指责袁庚。所以，在蛇口，这块标牌几次竖起，几次摘掉。袁庚坦言："写这标语时，我是准备'戴帽子'的。"

1984年，邓小平南下视察蛇口。袁庚特意叮嘱人把这句标语竖立在必经之路上。车队路过时，他自问自答说："不知道这个口号犯不犯忌？我们不要求小平同志当场表态，只要求允许我们继续实践试验。"

据说，邓小平和在场的人都笑了起来。

当年天安门国庆游行，这一口号出现在参加游行的彩车上，展现在全国人民眼前。时至今日，这句话几乎成为改革开放过程中最响亮的口号。

1992年，针对当时的舆论氛围，蛇口又立起了"空谈误国，实干兴邦"的巨大标语。

一次又一次，袁庚总是以超越时代的观念，引领着蛇口的改革、开放不断前行。

改革、开放、创新、务实……袁庚精神逐渐凝聚为蛇口基因，滋养了华为、腾讯等大批以创新著称的知名企业。

袁庚逝世后，招商局对袁庚精神进行了系统梳理，李建红将其总结为"一根五脉"。五脉就是"改革、开放、创新、激情、务实"，一根就是"责任担当"。

"'袁庚精神'之根，是责任担当"，李建红说，这种责任与担当来自袁庚对党的绝对忠诚，对人民事业和招商局事业的绝对忠诚。"袁庚以他的一生，为我们广大党员干部、为招商局的广大员工立起了一座绝对忠诚的丰碑"。

（作者为刘青山，国务院国资委网站联合国资报告杂志、国资小新推出"改革先锋国企人"系列报道）

汉正街——

"商品流通改革第一街"汉正街发展记事

汉正街兴起于明朝成化年间，名号取自古汉口之正街，是"汉派"商业文化的发祥地，至今已有500多年历史。汉口依托长江、汉水两条黄金水道，历史上曾有过"十里帆樯依市立，万家灯火彻宵明"的商贸繁荣景观，素有"货到汉口活"之誉。

1979年9月，103位个体经营户开始在汉正街持证摆摊，汉正街小商品市场"一炮而红"，以致当时流传一句话：要看对外开放，得去深圳；要看对内搞活，得到汉正街。40年来，汉正街从最初103位个体户，到如今商户数以万计；从只能单一经营小百货，到如今所售商品涉及10多个专业大类30多万个品种；从创业之初的一条千米窄街，到如今的现代商贸区。"如果说，《实践是检验真理的唯一标准》在思想、理论领域里开启了一扇追求真理的大门，那么汉正街则是在实践领域，开拓着符合中国国情的市场经济发展途径。"湖北省作协原副主席刘富道在他所著的《天下第一街——武汉汉正街》一书中表示，汉正街人以"敢为天下先"的精神，不断突破计划经济束缚，创造了一个又一个全国第一，成为市场经济体制改革的"试验田"和"风向标"，也由此成就了"天下第一街"。

"吃螃蟹"的一百零三将

改革开放之初，为什么汉正街能站上时代潮头？多年研究汉正街模式的中南财经政法大学朱延福教授表示，这是因为汉正街具有不可多得的传统优势和区位优势。

在20世纪70年代到80年代，我国的绝大部分人口在农村。即使在城市，市民消费也主要集中在日用小商品领域，城乡居民消费差异不大。随着改革开放步伐加快，城乡居民的物质需求日益增长。当时，商品流通领域被国营企业垄断，各地日用商品短缺情况严重。"改革开放以来，人民群众生活水平日益改善，对小商品的需求也日益旺盛，汉正街正是在这样的大背景下逐渐成长起来的。"朱延福介绍说，1979年，汉正街实行了以民营经济为主的所有制结构变革，打破了国有和集体企业对商业的垄断。同时，汉正街商户最先在全国范围内开展长途贩运经营，突破了商品流通的区域壁垒，让人们重新认识到了搞活流通的巨大价值。

彼时，党的十一届三中全会带来的思想解放正在中华大地酝酿、萌动。1979年9月，还顶着武汉市革命委员会牌子的政府管理者们，发布了这样一份红头文件：要恢复和发展集市贸易，恢复和发展个体经济，给个体工商户颁发营业执照。汉正街正是武汉硚口区工商局的改革试点。

在社会主义市场经济环境中成长起来的人们，可能无法想象计划经济时代商品流通效率之低，社会对商品经济误解之深。那时，小到一枚纽扣，大到一辆汽车，都必须严格按照"政府下达生产计划——企业生产——国有商业部门收购后定价销售"的路线图运行，最终才能到达消费者手中。

市场要建了，人从哪里来？据时任硚口区工商局局长的任正运介绍，当时决定恢复和发展个体经济的初衷之一，就是安置社会上越来越多的待业青年。可实际上，汉正街最早的103户个体户中，大多数是重操旧业的老商贩，真正的待业青年并不多。"当时大多数人都不敢贸然从商。当个体户风险太大。"任正运说。

首批103户商户之一，曾是汉正街首个万元户、百万元户的郑举选就有过这样的经历。1979年，时年39岁的郑举选接过15元换来的个体经营执照时，内心忐忑不安。"我不想再走这条路，但是我除了干这个，也无路可走了。我还有三个伢要读书、要吃饭。"尽管心里没底，但迫于生计，郑举选还是操起了老本行。

从汉口利济路到永宁巷口子，1000多米的老街里，近百商户开始就地摆摊，占道经营，南来北往的顾客带着新奇的目光，打量着，询问着，叫卖声、吆喝声此起彼伏……一传十、十传百，汉正街市场的规模越来越大，声势越来越旺。在历经多年沉寂之后，汉正街火起来了。

"买小商品，去汉正街"渐渐成为人们的共识，红红火火的汉正街小商品市场也引起国家层面的重视。任正运回忆说，1982年10月，国家工商管理部门在汉正街召开现场会，好多地方的工商局负责人都来了。"之所以选在汉正街，就是因为这里搞得早，个体户多，商品多，名声在外。"任正运说。在开会之前，当时的硚口工商部门为了让人气显得更旺些，采取了变通的方法，给一些"半边户"（男人在城里，女人在乡下）发放临时执照。"不是要摸着石头过河吗？发临时执照，有一个退路。如果一旦不被认可，可以再收回来。"

同样在1979年，乍暖还寒时节，全国工商局长齐聚北京，提出在打击投机倒把的同时，要更好地促进商品流通，活跃市场和方便群众。两次因"投机倒把"被定"罪"的郑举选，对这些话有更深刻的理解。

1979年6月，郑举选被释出狱，机遇也随之而来。十一届三中全会召开后，国家政策开始"松绑"，郑举选等103位汉正街的个体经营者拿到了个体工商户执照。

郑举选虽双目失明，但做生意的套路比谁都"看"得清。他生性豪爽，在商不言商，义字当先。比如，市场价格是波动的，上次卖给客户的货物跌价了，客户下次来进货时，他会将差价退给对方；有时被骗了，他也不计较，心里知道就行了。这反而让对方觉得愧疚，为他赢得了一批固定客户。手下的员工也从不做假账，订假合同。

上海运来一船弹珠找销路，汉正街没人敢接，他全要了；武汉打火石厂发不出工资，成吨的货压在仓库里，他对厂长说"全部拖来吧"；毛笔厂的零碎竹节堆积如山，要搬掉这座垃圾山要耗费很多劳力和财力，他对厂里的领导说，"卖给我吧"……

这类例子举不胜举，郑举选最大的"板眼"（武汉方言，意为"本领"）就是让堆积如山的货在他手里盘活。

郑举选总结他的经商经验，一是薄利多销：一根针只赚1厘钱，但他一年能卖出1亿根，仅此一项，就能成万元户。何况，他当时经营着数百种这样的小商品。

二是讲诚信。郑举选告诉记者，"我别的不会，只会做生意这一条独路，这条路走不好我就没有路了，所以我要规规矩矩做这个行当。不管是卖给我的，还是从我这买走的，我从不让跟我打交道的人吃亏"。

郑举选没读过太多书，没学过手艺，没上过商业学校，但他却有四页纸共五六十条的生意经。例如，与合伙人有关的"亲兄弟，明算账"；有商品包装的"货卖一张皮"；有资金回笼的"苏州打货杭州卖，赚多赚少图个快""宁可当年收五斗，不可隔年收一担"；有关于企业管理的"一个盐船怕一个钉眼"……

汉正街几年前做了一项抢救商俗文化的工作，在专家学者座谈会上郑举选第一个发言。他说："虽然时代在变，但诚信不能变。不管电子商务、移动互联网等新型商业模式如何，诚信经营不会变，因为靠'忽悠'经商长久不了。"

汉正街从其诞生起就是一个"江湖"，40年已更迭了三代人，有最初聚集在"老三镇"的103户街坊邻居，有20世纪90年代初的大批加入者，还有如今顶着博士、硕士头衔开启现代化营销模式的年轻人。郑举选说，勤奋和诚信是汉正街的基因，只要把这些东西融会贯通，做生意就不会吃什么大亏。

汉正街的星星之火，点燃了我国小商品市场的燎原之势。带动了流通领域改革步步深入，城市改革层层推进。一时间，全国商品市场发展风起云涌，市场经济大潮迅猛涌动。

记者旁白：汉正街探索率先恢复、发展个体经济，冲破了国营商业一统天下的格局，在计划经济体制向市场经济转型进程中迈出重要的一步。至1983年，汉正街个体经营户已发展到991户，销售额达1.2亿元。

作为勇吃"螃蟹"的103将之一，郑举选不仅是一部"活着的汉正街历史"，更是汉正街诚信经营、勤劳致富的代表。近40年来，汉正街的商户在变，环境在变，经营模式在变，但在商言义、义字当先的经营理念没有变，勤奋、诚信的汉正街基因没有变。

在争议声中发展壮大

在汉口利济南路与三曙街交汇处,立着一个牌坊,上书"汉正街小商品市场"几个大字。牌坊设立之初,商户欢欣鼓舞,从没有市场到开放市场,这无疑是一个巨大进步,也给商户吃下了政策长期稳定的定心丸。可是慢慢地,这个牌坊却又成了戴在商户头上的"紧箍咒"。为何?只因为商品市场几个字前,还有一个"小"字。既然"小",那么大的商品就不能卖。

据汉正街的老商户回忆,1984年到1985年,汉正街不许卖大商品,谁要卖就罚款。可以卖童装,但不能卖长袖衬衣;可以卖扣子型电池,但不能卖838型计算器……总之,规矩一大堆,脑子不好的人都记不住。一个"小"字,带来的问题可不小。

熟悉汉正街历史的人都知道,这里自明清以来就形成了颇为成熟的雨伞市场,老字号"苏恒泰"便诞生于此。可有了"小"的束缚,能不能在汉正街卖雨伞成了一个大问题。1981年来到汉正街的王仁昌,不信这个邪。他专门跑到武汉青岛路小百货公司买了10把伞,带着发票去问硚口区工商部门负责人:"在国营小百货公司买的伞,算不算小百货?"负责人无可奈何地说:"这是大小百货交叉的商品。"这个问题,如今看来可笑,可在当时是非常严肃、非常认真的问题。最终,王仁昌如愿成为汉正街首家经营自动伞的商户。

很快,新的难题出现了。当时,三级批发体制牢牢控制着商品流通与价格,汉正街的商户们虽然领到了个体营业执照,可是他们却没有被赋予批发、贩运的权利。作为个体户,既不能批发,又不能贩运,咋做生意？很多商户开始观望起来。

当时的管理部门一方面要放水养鱼，另一方面又在政策上与商贩磕磕碰碰，扯皮拉筋。汉正街市场刚一开放，实际上以批发为主。"个体搞批发，政策界定就是投机倒把。长途贩运，也算投机倒把。不按规定定价，也算投机倒把。"任正运回忆说，当时为了搞变通，就在名词上做文章。不能叫批发，就叫批量销售，长途贩运叫长途运销，价格叫随行就市、优质优价。

转机出现在1982年10月16日。正是在那一天，国家工商管理部门正式允许汉正街个体户批量销售国家计划产品，允许厂店挂钩，允许长途贩运，允许价格随行就市。

有了政策撑腰，个体户、个体经济的腰杆硬了起来。加入汉正街的商户越来越多，汉正街也成为中国改革开放对内搞活的一个典型。彻底甩掉心理包袱的郑举选如鱼得水，开始大进大出地批发经营。随后几年，他成了闻名汉正街的"一哥"，在汉正街经营户中创下了4个第一：销售额第一、纳税额第一、各种捐款第一、认购国库券第一。曾穷得无以维持生计的郑举选实现人生逆袭，成为汉正街首富。

榜样的力量是无穷的。看着越来越多的人在汉正街致富，武汉周边的城乡客户、邻省的客户甚至全国的客户都被吸引到这条小小的街上，汉正街也由此发展成为一个买全国、卖全国的大市场。

一些外国记者远涉重洋，来到汉正街采访。1985年，法国《生活》周刊报道："中国汉正街一个盲人企业家（郑举选）的传奇经历和他的声名远播欧亚大陆，赢得世界瞩目，他已从窄街走向了世界。"1984年，时任美国国务卿助理也来到汉正街考察。外国记者、西方政要关注汉正街，其实是关注中国经济体制改革，关注中国的市场经济建设。

然而，随着汉正街个体户们打开了传统商业模式的缺口，他们的行为也引来了质疑和争论。1981年，有人写了篇文章《汉正街投机倒把多》，寄给北京某大报，报社来信要求及时调查回复。国内一家很有影响力的媒体甚至刊发了一篇颇具杀伤力的文章《汉正街是社会主义吗？》。风云突变，存废声起。

1982年4月，一份由武汉市工商局撰写的调研报告《汉正街小商品市场调查》发布，对汉正街的情况做了客观、理性的调查分析。当时供职于新华社湖北记者站的记者黄家仿收到这份调查报告后，出于记者职业的政治敏感，立即赶到武汉市工商局采访。

时任武汉市工商局局长的金邦和在回忆录中记载了那段采访过程：我介绍了汉正街市场的"四个为主"的特点，即，个体商贩为主，经营小商品为主，批量销售为主，面向农村为主。经营模式灵活，可以赊欠，可以抹零。在价格上，根据购货多少，确定货价高低。这些商业经，深受经销者欢迎。在采访将近结束时，黄家仿探询我对这个市场的看法，我回答说"允许存在，加强管理，继续观察"，他很赞同这三句话。随后。黄家仿根据我提供的资料，又到汉正街作进一步调查印证，于1982年5月写了标题为《一个国营商业代替不了的市场——武汉市汉正街日用小商品市场的调查》等三篇稿件发往新华社总部。新华社随即以内参形式上报中央领导，汉正街市场就这样"通了天"。

党中央、国务院十分重视汉正街市场开放的经验，中央有关负责人在新华社内参上批示："新的改革，新的突破。"同时，国务院财经小组也组成国务院调查小组，由国务院财经小组干部黄洪年带队，于1982年7月22日专程到汉调查，核实汉正街市场情况。当年8月2日，调查小组向国务院呈报了调查报告，认为武汉提出"允许存在，加强管理"的方针是正确的，经验是可行的，并提出"全国各地也可以在加强管理的前提下，恢复这一类传统的小手工业品市场"。

国务院调查小组的报告得到中央批准，有关部门迅速作出反应。《人民日报》于1982年8月28日，在头版头条发表题为《汉正街小商品市场的经验值得重视》的社论。社论从马克思主义理论高度，阐述汉正街市场存在的必然性和必要性，它对生产、销售、消费所起的积极作用，并指出汉正街市场是在一定范围内国家领导的自由市场，给这类市场定了性质。社论的发表是党中央对汉正街市场开放经验的肯定，使武汉市政府部门、汉正街数百商户受到极大鼓舞。

"汉正街的出现，冲破了'三级批发、禁止长途贩运、统一工业品价格'的政策限制。"原国务院发展研究中心研究员陈淮评价道，汉正街模式是我国改革开放初期的三大制度创新之一。他认为，小岗模式是农业经营体制的重大创新，首钢模式是工业企业经营体制的重大创新，而汉正街模式，则是城市商品流通体制的重大创新。

市场经济的活力与潜力，在汉正街众多商户源源不断的创新中得到了体现：1988年，汉正街出现了全国第一所民办的个体户学校；1993年，汉正街人李裕安"蛇吞象"之举震动全国，其麾下的私营企业大地公司，兼并了有近百年历史、职工人数达1868人的国营武汉火柴厂；20世纪90年代初，有人还在争论"姓社姓资""雇工是否存在剥削"时，汉正街有的企业雇工已达一二百人；在政策倡导进行股份制改造前，这里的家庭股份制、合伙制等新型企业组织形式已大行其道……

从20世纪90年代起，汉正街经历了两轮大的开发改造和规划建设，形成69个专业市场、2.7万余户商家，经营12大类20余万种商品，经营面积260万平方米，年货物吞吐量150万吨，成为华中地区最大的商品集散地。

但在商业时代，必须拥有不断自我进步的能力才能在市场上先人一步。经过20世纪80年代的高速发展和90年代中前期的极度辉煌后，进入新世纪的汉正街慢慢开始显露疲态，交易额从全国十大小商品批发市场的前三位降到了第七位。

长期关注汉正街的研究专家表示，当时有三大顽疾困扰着汉正街。首先，曾经的区位、交通优势反而成为做大后的汉正街进一步发展的制约。一方面，汉正街区域内商铺、仓储、加工、住宅高密度混杂，已超出城市中心的容纳极限，不仅带来消防、交通、治安、环境等突出问题，更成为汉正街做大做强的桎梏和枷锁，虽然经历了数次拆迁改造，但乱象依然无法根除。

与此同时，随着各地全国性批发市场陆续建立，北有石家庄，南有广州，东有杭州和义乌，西有成都，武汉汉正街逐渐降级为一个区域性市场。标志性的"扁担"（在汉正街以挑货为生的劳动者）由巅峰期的2万名，下降到不足500名。

此外，由于管理欠缺，安全事故频发。2005年、2009年、2010年、2011年，汉正街多次发生火灾事故。对此，武汉市决策层痛下决心，"汉正街要进行凤凰涅槃式的改造，要排出时间表，限时完成"。

一个商品流通市场，必须拥有不断自生的能力才能始终在竞争中领先，而位于城市核心区的汉正街显然失去了扩张发展空间。同时汉正街内生动力不足，粗放劳动密集型经营模式的生命力也已接近枯竭。决定命运的时刻再次来临，汉正街又一次站上了改革的十字路口。

2011年，"痛下决心、依法整治、整体搬迁、全面改造、转型升级、限时完成"，武汉市汉正街搬迁改造"24字方针"出炉，并付诸行动，搬迁、改造攻坚战就此打响。

"城市中心位置从事批发业态，利用效率太低，并造成交通拥挤，严重制约城市功能提升。"湖北省社会科学院副院长秦尊文表示，城中心批发类市场外迁是城市发展的趋势。

经过调查论证，武汉市规划在汉口以北的黄陂区南部经济带，建设国家级现代化专业市场集群，形成600万平方米的专业批发市场、200万平方米的仓储物流中心、100万平方米加工中心的现代商贸物流平台，仓储、物流、客运、电商、外贸、加工等一站式配套齐全，打造"场域重构和释放"的理想之地。

于是，将汉正街传统批发市场搬迁至汉口北市场，变得顺理成章。武汉市汉正街管委会统计显示，自2011年启动整体搬迁改造以来，在汉正街1.67平方公里的核心区，经营面积从200万平方米缩小至100万平方米。原先的2.7万户商户，一大半迁往汉口北和汉川等地。目前，仍有近万家商户留在汉正街打拼，其中八成从事服装及相关行业。

记者旁白：汉正街在争议声中发展壮大，但争论并非没有意义，它让人们更加清晰地认识到个体经济的价值，见证了市场经济的潜力，也为汉正街模式走向全国奠定了基础。

进入新世纪以来，尽管汉正街市场发展依然繁荣，但其业态落后、人口稠密、商居混杂、交通拥堵、市容脏乱、火灾频发的发展现状，与其所处的中心区位格格不入。搬迁，对汉正街而言，不仅仅是一次物理空间转换，更是一场涉及整体定位、发展模式、经营理念的深刻变革。

改革者如何面对再变革

凭借九省通衢的区位优势和武汉人的闯劲，汉正街抢得先机，一度夺得"天下第一街"的桂冠。其市场销售额由 1982 年的 1600 万元激增至 1991 年的 8.5 亿元。到 1999 年，汉正街市场销售额突破百亿元，在 2004 年则达到 200 亿元。一时风头无两。

彼时的汉正街和汉正街商户们，以变革者的姿态出现在世人面前。但长江后浪推前浪，变革者也不得不面临新的变革浪潮。到底是被拍死在沙滩上，还是劈波斩浪，成为时代弄潮儿？答案只能靠自己摸索。

"你并没有做错什么，你只是老了。"这句网络流行语，用在老岑身上，仿佛恰当得有点残忍。1991 年，32 岁的岑军民（化名）一脚跨出吃不上肉的老家，带着刚过门的媳妇来到了汉正街。"别人都说汉正街满地是黄金，我就来了。"老岑回忆称，在与妻子一夜长谈后，两人决定用压箱底的 5000 元做本钱经营服装，"起早贪黑，如履薄冰"。和许多发迹于汉正街的经营者一样，艰难打拼后，老岑有了如今上千万的身家。

"但这两年做电商每月要亏 10 万余元。"2013 年，看到互联网风起云涌，经人介绍，老岑找到一个电商操作团队，"铺货、冲量、刷排名，他们说啥就是啥，都知道电商是大势所趋，我只管给钱和供货"。

问题是，尽管每年砸钱刷流量、抢排名，但生意并没有起色。"某些款式销量是上去了，但是卖价太低，根本不赚钱。"老岑对记者坦言，最近几年，自己完全是赔本赚吆喝，几十年摸爬滚打出来的经验突然"不管用了"。

更让汉正街人看不懂的是，时代变革的步伐越来越快。从汉正街一枝独秀，到浙江的义乌市，山东的临沂市，福建的石狮市，广东的虎门镇，河北的白沟等小商品市场百花竞放，传统商贸逻辑得以重构，模式创新、平台驱动和全产业链一体化成为商贸运营的主轴。

王大祥就是千百万亲历者之一。

1995年，这位靠做瓦工谋生的汉子揣着3000多元钱从汉川农村独闯汉正街。正是这一年，浙江义乌小商品市场悄然取代汉正街，成为全国集贸市场销售冠军。

2001年，王大祥带着在汉正街经商赚来的全部家当转赴义乌。"在汉正街，生意竞争太激烈了，不少商户甚至还要与自家亲戚竞争，争得头破血流。"

头一次来到义乌的王大祥，对义乌这个城市有点惊讶，"连拉送货的人都有手机"。"勾连世界"——这一城市特征让他洞察到义乌是一块经商宝地，从而一留就是17年。

王大祥说，初到义乌时他"两眼一抹黑"，根本不知如何向外推销与外商打交道。好在有义乌同行支招，建议他拿着样品到各大宾馆门口，找外地客商、找老外推销，"不懂外语，也要拿着计算器冲上前，你不上，这单生意就被抢了。有时候，我觉得在这里做生意，能与世界各地的人打交道，蛮有乐趣的"。王大祥说。

"义乌很包容，同行大多不会因为是对手而不传授经营诀窍。相反，大家认为抱团做成气候，才能形成合力。"正是由于同行的帮助，王大祥的生意渐有起色。2003年，他在义乌国际商贸城A区1楼有了自己的绢花经营店，并将其命名为"大祥花行"。现在，在义乌北苑前洪村还有了100名工人的加工厂，从义乌周边购置辅料后，进行设计和二次加工。

王大祥介绍说，目前，大祥花行产品除销往国内各省份外，还通过电商平台远销中东、欧美、东亚等地区，年销售额已达到3000万元，年盈利在300万元以上。

"一个是'买全国，卖全国'，一个是'买全国，卖世界'。"原汉正街管委会副主任熊国汉表示，"走出去"参与国际竞争，汉正街商企其实不乏勇气和谋略，但目前仍停留在单打独斗阶段，没有形成"集团军"优势。反观义乌，通过政府搭桥，当地企业大胆创新国际贸易手段，千方百计发展国外市场下游分销商，构建国际营销网络，产品辐射全球市场。

汉正街一位服装行业的企业家感叹，义乌市场"集聚效应"强大，任何企业都会心动，产品到了那里，就等于走进了国际市场。

而汉正街该何去何从？

黄丽娟的华丽转型，是汉正街致力于突破发展瓶颈的尝试之一。"壹钮扣"创始人、武汉鸿马电子商务有限公司总经理黄丽娟也遇到过跟老岑一样的难题。

在位于武汉友谊南路上的"壹钮扣"办公室，大厅里陈列着数不清的小格子，里面盛满各式各样的纽扣。这几千种纽扣，到底该怎么分辨？10多年前，在汉正街开店的黄丽娟就面临过这样的问题。"与客户沟通时，我要一一记住纽扣的颜色、尺寸、材质、价格，因为很多看上去长得几乎一模一样的扣子，却来自不同的厂商，进价也不同，弄错了就会亏本，要是有一套专业系统就好了。"

2008年，黄丽娟决定自己建立一个辅料行业交易平台。但是全国有辅料生产、销售企业约30万家，如何找到一个大家都认可的统一标准？

"一颗平常的大衣平扣，在温州叫馒头扣，在深圳叫两眼扣，在北京叫内平扣，在武汉则叫垫扣。怎么才能让大家都讲'普通话'？"她决定，制定辅料行业标准，就从自己最熟悉的纽扣开始。

黄丽娟陆续到温州、深圳、广州、宁波、上海等城市，拜访逾百家生产企业，寻找标准的参数。用了3年时间，搭好纽扣新标准的基本框架。现在，这个平台的标准已涉及纽扣、花边、拉链、织带、饰品、衣架、商标、模特、工具等17大服装辅料品类的415个分类。在"壹钮扣"网站上，记者用搜索引擎找"馒头扣"或"垫扣"，都能自动翻译成"普通话"：两眼扣，并能找出所有相关方言标注的商品，统一推送。目前，黄丽娟搭建的平台已成为中部地区最大的服装辅料交易平台，吸引了2900位设计师关注，订单成交额达3000多万元。

党的十八大以来，汉正街快速"触网"。2014年7月，硚口区政府投入300万元专项资金，支持建设阿里巴巴汉正街产业带，目前已有8000余家商户入驻。

"创新才是汉正街插上电商翅膀腾飞的原动力。"黄丽娟认为，现在的"80后""90后"思想更活跃、更有创造力，随着他们的接班，汉正街人的眼界和格局正在不断提升。

据介绍，汉正街已正式入选全国首批纺织服装电子商务公共服务示范基地。"这是近期获得的最大机遇。"汉正街管委会相关负责人表示，将集聚一批服装生产、销售和配送相关的品牌电商，为1.8万家汉正街商户提供服装设计、IP保护、科技金融等服务。预计到2021年，汉正街服装市场集群的电商交易规模将超过百亿元。

触网只是发展方式的变革，更重要的是形成以汉正街为平台的小商品全产业链条。"应以产业集群推动市场发展"。经济学家钟朋荣认为，中国的市场分两种类型：一种是以产业为依托而形成的市场，另一种是纯中介性的市场。前一种是买本地、卖全国，甚至卖全球的市场。这种依托本地产业而兴起的市场，生命力比较强。只要本地产业在发展，市场也会跟着发展。后一种则是买全国、卖全国的市场，最典型的就是汉正街市场。这种市场由于没有产业依托，近年来都逐渐走向衰落。他进一步分析说，义乌小商品市场早期也是中介性市场。后来，他们通过市场带动本地产业，现在每年成交的3000多亿元产品中，有近40%转向本地生产，使义乌市场由一个单纯的中介市场变成了产地市场，因而在众多市场走向萧条的情况下，义乌市场则呈快速发展的势头。

义乌的崛起表明，小商品应着眼于大市场。小商品并不起眼，处处都有，但小商品大市场就不一样。关键在于如何把市场做大，即如何让众多不起眼的小商品拥有一个大市场，使之成为世界关注的流通中心。

武汉大学伍新木教授是区域研究专家，长期跟踪研究汉正街现象。他认为，汉正街没能很好地适应人民群众消费升级的需求，对供给侧一端的品种丰富、质量提升、结构调整没有起到很强的拉动作用，这也是汉正街目前面临的困境之一。义乌就不同，义乌很好地解决了这个问题，买全球，卖全球，供给也不断升级。

在伍新木看来，若要重振昔日辉煌，汉正街还需要在空间和业态上实现自我超越。在空间上，要更加重视"分离不分体"的经营理念。所谓"分离不分体"，指的是汉正街、汉口北以及后方的工厂，还应进一步细化各自的商业功能，共同形成大武汉在全国商贸大格局中的优势。比如，汉正街应彻底告别批发功能，可打造为集电商、旅游、文物保护于一体的综合街区；批发功能则转至汉口北，依托其完善的物流体系提升竞争力；工厂则可围绕汉口北周边布局。在业态上，汉正街可在高端服务业、金融业上发力，重塑品牌价值。

可喜的是，近年来，汉正街正加快转型发展步伐，已陆续关闭了43个消防隐患突出的市场，数千家加工厂、上万家商户迁往周边县市30多个工业园，疏解了非核心功能，形成"设计研发在内，生产加工、仓储物流在外"的运营新模式。

新的运营模式让许多商户都尝到了甜头，煜品格总经理熊伟就是其中之一。2013年，熊伟将企业组织结构作了调整：聘请专业的服装设计师，在武汉翠座写字楼成立了服装设计工作室，并把生产车间迁到了汉川市。

"之前主要做仿版服饰，但随着生意越做越大，仿版已无法吸引核心客户。"熊伟意识到原创设计的重要性，开始带领设计团队去广州、杭州、上海等地寻找灵感。随着多名设计师的加盟，"煜品格"上架的版型越来越多。

龙腾、莫匠、舞者……漫步在现在的汉正街第一大道，男装品牌鳞次栉比，仅龙腾服饰商城就聚集了服装商户1300多家。龙腾置业董事长李天俊说，该商城时尚男装年销售额逾400亿元，与杭派、粤派三分天下；九层高的汉正街品牌服饰批发广场，欧韩风情、时尚爆款让人目不暇接，全省70%的服装都从这里批发出去。

现在，拥抱"一带一路"，搭上中欧班列的快车，携手推广电商平台，推动商业业态变革……汉正街已然奋起直追。

记者旁白：新变革来临，变革者也要面临变革。汉正街如此，汉正街商户亦如此。但显然，这是一个更加痛苦和艰辛的过程。变革者要追上时代的脚步，要追赶技术飞跃的脚步，还要追逐消费迭代的脚步。只有不停前行，才能铸就保护自我的护城河。在商场，没有任何人可以永远躺在英雄榜上。

缺乏产业支撑注定了汉正街是"无根市场"，随着各地小商品市场的成熟，"九省通衢"的交通优势已不再是亮点，"买全国、卖全国"的汉正街风光难再。曾经汉正街陷入存废之争，上一次是观念之争，汉正街挺过来了。这一次，是市场、消费者等各方的质疑。汉正街能不能找准定位、重新出发，需要时间给出答案。

结　语

党的十八大以来，汉正街的转型发展也有了新思路——升级成为"汉正街·武汉中央服务区"。按照武汉市区域金融中心总体规划，汉正街中央服务区将成为武汉金融主中心，也是武汉唯一面向全球的现代服务业核心功能区。

"从大的层面讲，国家中心城市、长江经济带等国家级战略的提出，给武汉创造了新的发展机遇。武汉市政府在2017年制定长江主轴战略规划时，汉正街被列为长江主轴核心区块、江汉朝宗的核心节点。毫无疑问，汉正街站在了新的历史起点。从自身来说，汉正街是汉口之根，是武汉发展的重要文化符号，这个符号经过500年沉淀，到了一个爆发和升级更新的关键期。"硚口区委书记景新华说。

在某种意义上，从1978年到2018年的40年，中国商贸生于草创勇进的个体时代，繁荣于百市齐开的资本时代，最终将走向智慧创新的平台时代。"三分天注定，七分靠打拼"的"小商人"时代已经宣告结束，善假于物、乘风破浪的"大商贸"时代正在降临。一个产业的成长高度，并不由历史长度决定，它取决于全部产业主体的现代性和时代精神。

对照历史来路，继续改革创新，汉正街四十自当不惑。

（作者为郑明桥，《经济日报》2018年07月04日08版）

晋江——

"晋江经验"的探索与实践

"三分天注定，七分靠打拼，爱拼才会赢。"20个世纪80年代末，这首闽南语歌曲《爱拼才会赢》流行大江南北。30多年过去了，晋江人依旧传唱这首歌，在他们看来，它已成为晋江人"爱拼会赢"的文化烙印。

晋江"人稠山谷瘠"。在改革开放的浪潮中，晋江勇立潮头，敢拼敢闯，通过大力发展民营经济、品牌经济、实体经济，走出了一条独具特色的县域经济发展道路，用占福建二百分之一的土地创造了全省十六分之一的地区生产总值。2001年，晋江首次跃入全国百强县市前十位。

2002年6月，时任福建省省长的习近平同志专程到晋江市调研。在调研中，习近平同志总结提出"六个始终坚持"和"处理好五大关系"的思路，即：始终坚持以发展社会生产力为改革和发展的根本方向，始终坚持以市场为导向发展经济，始终坚持在顽强拼搏中取胜，始终坚持以诚信促进市场经济的健康发展，始终坚持立足本地优势和选择符合自身条件的最佳方式加快经济发展，始终坚持加强政府对市场经济的引导和服务；处理好有形通道和无形通道的关系，处理好发展中小企业和大企业之间的关系，处理好发展高新技术产业和传统产业的关系，处理好工业化和城市化的关系，处理好发展市场经济与建设新型服务型政府之间的关系。"晋江经验"，由此提出。

两个月后，习近平同志将调研思考整理提炼成有关晋江经验的文章，先后刊登于《人民日报》和《福建日报》。他在文中提出"'晋江经验'是地方主动探索中国特色社会主义发展道路的积极实践"。"晋江经验"从此成为引领福建加快改革、全面发展的一个标杆。

2011年，福建省委在晋江召开全省县域经济发展工作会议，提出深刻学习领会"晋江经验"的精神实质；2014年，福建省委在晋江召开全省新型城镇化现场会，提出学习推广晋江新型城镇化经验；2016年，新一届晋江市委按照"晋江经验"的内涵，为晋江未来描绘出一幅"国际化创新型品质城市"新蓝图……

当前，我国正处在打好三大攻坚战的关键时期，也正处在迈向高质量发展的重要关口。在这样的背景下，深入探究"晋江经验"的探索、提出、升级之路，意义深远。

"洗脚上岸"

"晋江在哪里？"2017年，在晋江申办第18届世界中学生运动会时，曾有外国专家问晋江市委书记刘文儒。

刘文儒风趣地说："晋江在广州的北面，上海的南面。"但刘文儒心里很清楚，这位外国专家得到这一答案后，依然搞不清楚晋江在哪里。从地图上看，晋江只是中国的一个不显眼的县级市。

这座位于福建东南沿海的县级市，陆域面积只有649平方公里，约相当于香港陆域面积的二分之一。这里古为闽越人聚居地，西晋永嘉年间中原士族为避战乱，衣冠南渡，据江居住，因思故土，故名为晋江。

晋江素有"声华文物、雄称海内""泉南佛国""海滨邹鲁"等美誉，在宋元时期，晋江"泉州刺桐古港"更是号称"东方第一大港"，是海上丝绸之路的起点。

但晋江的贫瘠也是出了名的。由于土地和资源匮乏，而人口众多，加上风沙无常，晋江的一方水土难养一方人。为谋求生路，晋江人自古就有"造舟通异域"的创业冲动。他们怀揣着家乡的一瓶水和一捧土，背井离乡，或越过海峡，或远赴南洋，"十户人家九户侨"成了晋江最大的特色。

留守的晋江人也不安于现状。在晋江陈埭镇四境社区，今年73岁的丁德富老人清晰地记得，改革开放前，村民们守着人均五分耕地过着小农日子，由于当地土质差、有沙层，水稻产量很低，村里粮食年年亏欠，农民人均年收入仅52元。为了讨生活，村民们只能偷偷做点小生意。

1978年12月，党的十一届三中全会召开，吹响了改革开放的号角。1979年7月，中央正式批准广东、福建两省在对外经济活动中实行特殊政策、灵活措施。

改革开放的春风吹来，激活了晋江人"爱拼才会赢""敢为天下先"的内生动力。晋江人意识到，在土壤生产力中等偏下的晋江，走以农业为主的路子是行不通的，必须把工业引进农村，实施乡镇企业发展战略。

当时担任陈埭镇四境村生产小队长的丁德富开始发动村民合资办食品厂。当年，办一个食品厂大概需投资1万元钱，这对于任何家庭来说都是"天文数字"。丁德富发动了24个村民东拼西凑，才把四境食品厂办了起来。但这个食品厂一直不温不火。而真正让以捕鱼为主要生计手段的陈埭镇一举成名，并在日后成为"经济重镇"的，是制鞋业的兴起。

1979年，晋江开始紧紧抓住经济建设这个中心，大力发展社会生产力。正是在这一年，旅居海外的晋江人陆续回国探亲。陈埭镇村民林土秋的姐姐从海外回国时，看到弟弟日子过得十分辛苦，就建议他办厂。在姐姐的支持下，林土秋联合了14位村民，每人出资2000元，创办了晋江第一家民办鞋厂——洋埭服装鞋帽厂，并实现从单一的接单生产过渡到"三来一补"（来料加工、来样加工、来件装配和补偿贸易）。在产品稀缺的年代，民营制鞋力量的加入恰逢其时，制鞋利润高达160%。因此，洋埭服装鞋帽厂在第一年就收回了投资成本。

林土秋创办的服装鞋帽厂犹如"星星之火"，在陈埭镇迅速形成燎原之势。许多卷起裤管打赤脚的种田汉纷纷"洗脚上岸"，加入创办制鞋厂的行列中，"叮叮咚咚"的制鞋声传遍陈埭的每个角落。

1980年，中央任命项南为福建省委常务书记，让他放开手脚搞改革开放和特区建设。当年8月，晋江出台《关于加快发展多种经营和社队企业的若干问题的规定》，拉开了晋江农村工业化序幕。此后，"五个允许"（允许群众集资办企业、允许雇工、允许股金分红、允许随行就市、允许供销人员按供销额提取业务费）等一系列扶持政策先后出台，放手发动农民集资联户办乡镇企业，为乡镇企业排忧解难，特别是利用"三闲"（闲房、闲资、闲置劳动力），以群众集资合股的新型合作经济形式创办企业，承接"三来一补"业务，闯出了一条独具特色的乡镇企业发展之路。

这些政策刺激了晋江人将潜在的生产力要素有效组合起来变成现实生产力，调动了经营者和劳动者两方面的积极性，促进了商品经济的快速发展。

1978年以前，陈埭镇乃至整个晋江几乎没有乡镇企业。到了1984年，陈埭镇已经办起700多家乡镇企业，全镇工农业产值突破1亿元大关，成为福建省首个"亿元镇"；整个晋江的乡镇企业数增加到3968家。1984

年12月15日，福建省人民政府授予陈埭镇"乡镇企业一枝花"的锦旗，进一步激发了陈埭镇制鞋业发展的动能，带动了服装、化工、皮革等相关产业的发展，一个巨大的产业集群逐渐形成。

记者旁白："洗脚上岸"对晋江人而言，不仅是一次生产方式的转变，更是一次思维方式的飞跃。"敢为天下先"，只要是有利于解放和发展社会生产力，晋江人就在实践中大胆去闯、去试。在旧有观念和制度束缚依旧强大的日子，晋江人一往无前，敢拼敢闯。正是"爱拼才会赢"的精神，推动晋江开启了新航程。

逆境求生

在20个世纪80年代，越来越多的晋江农民"洗脚上岸"。敢拼、爱拼、善拼的群体特征十分鲜明。

福建柒牌集团有限公司董事长兼总裁洪肇设出生于1953年。年轻时，他经常骑着自行车到处贩卖花生。但他的理想，其实是做一名裁缝。于是，他尝试着用卖花生赚来的钱去买布料，再把加工好的衣服偷偷拿到市场上卖。

尽管第一次买布料时就被商家"以次充好"，尽管第一次卖衣服时就被没收并罚款300元，但洪肇设没有放弃。他卖花生、买布料、当裁缝、卖衣服，每天只睡一两个小时。由于手艺不错，洪肇设的衣服很受欢迎。他开始请邻居帮忙，不断扩大规模。到20个世纪80年代末，洪肇设的家庭作坊雇工已经近百人——这也是柒牌男装的前身。

1979年那年，参加高考的王冬星以4分之差名落孙山，由于家里贫穷，他放弃复读，找来一本书，跟着书本学做裁缝。1987年，有点积累的王冬星叫上亲兄弟王良星、王聪星，办起了服装厂。

服装厂成立的第一年，王氏兄弟赚到了十几万元；第二年，赚了七八十万元。兄弟三人决定成立公司，以谋求更大的发展。当时，国家加大吸引外资力度，对"三资"企业给予政策优惠。晋江许多民营企业为获得"三资企业"身份，就以海外亲戚的名义投资办厂。王冬星有个舅舅在香港，他们便以与舅舅合作的名义成立了中外合资公司，并取名利郎。

在晋江有着"商业教父"之称的许连捷，1979年也创办了服装厂。那一年，他只有26岁。他清晰地记得，当时晋江的服装厂如同雨后春笋一般，"整个晋江就像一个热火朝天的大工地，处处迸发着无尽的生机"。

虽然服装厂生意不错，但许连捷始终忧心忡忡：一来自己对做服装兴趣不大，二来家家户户都在做服装，同质化竞争难以避免。有一天，有人向许连捷推销卫生巾生产设备，许连捷看到了商机。

1985年，许连捷到上海出差，和朋友谈起想转型做卫生巾的事情。不料朋友的太太接过话茬："你可不能搞这个东西，会害人的。"许连捷吓了一跳，连忙问："为什么会害人？"原来，这位朋友几个月前从广州带回了几包卫生巾给太太，用完后在上海买不到了，这让这位太太觉得很不自在。

"假如长期供应，你用不用？"许连捷问。"当然用！"这位太太说。许连捷意识到，这门生意很值得做。从上海回到晋江，许连捷说服几位创业者，共同筹资136万元，于1985年联合注册了福建恒安实业公司，并从香港购进了一条二手生产线，招聘了100多名工人。许连捷将第一批产品命名为"安乐"，寓意为"千百万妇女的安全和快乐"。然而，"千百万妇女"刚开始并不"买账"：一方面，所有原材料都需要进口，产品价格很高；另一方面，囿于消费观念，市场营销很难开展，业务员到广东等地推销，一个月只能销售出一天的产量。

前景黯淡，人心惶惶。当年年底，许连捷不得不借钱给员工发工资。不过，他依然给股东和员工们打气："打井十丈，离泉一尺，大家要坚持住！"

功夫不负有心人。1987年3月，恒安公司接到了投产以来第一个订货的电话。下半年，经销商开始提着现金到公司门口排队等货。1987年，恒安赚回了全部创业投资，并添置了两条生产线。1991年，恒安开始向外扩展，此后，恒安的产品经常供不应求。

改革开放以来，晋江人民凭着"爱拼才会赢"的精神，硬是把纺织服装、制鞋、食品饮料、陶瓷建材等传统产业发展成为晋江的支柱产业，集"中国鞋都""全国食品工业强县（市）"等称号于一身，并有多种产品的市场占有率居全国第一。

记者旁白：在九死一生的市场洗礼中，晋江人一直是在竞争最为激烈、附加值又很低的传统产业领域摸爬滚打，在逆境中求生存，求发展。这种"敢拼、爱拼、善拼"的精神，体现在实践中，就是振奋精神勇于拼搏，百折不挠顽强拼搏，发挥优势善于拼搏，在拼搏中取胜，在拼搏中发展，在拼搏中赢得未来。

荣誉之战

改革开放之初，晋江民营企业和家庭作坊出现"家家点火、户户冒烟""烟囱比电线杆还多"的繁荣景象。就在"晋江制造"风生水起之际，却发生了轰动全国的"假药案"。

当年，陈埭镇有一些食品加工厂把白木耳蒸熟、压缩，然后掺点白糖，摇身一变成了"感冒冲剂"或"润肺冲剂"。据《人民日报》当年的报道，这些假药开始以馈赠电子表、自动伞来敲开一些医药单位的大门，后来这些小东西不值钱了，就以现金回扣作为诱饵，使医药单位里的一些见利忘义之徒上钩。他们不惜以人民生命安全为代价，换取不义之财，致使"晋江假药"几乎在全国各地的医药市场泛滥成灾。

晋江"假药案"被查处后，许多人转身进入制鞋行业。1985年，陈埭的制鞋业开始呈现多样化，皮鞋、拖鞋、运动鞋均有专门厂家生产。在陈埭镇，每天都有经销商堵在门口，催着要货。但不久，晋江又发生了"星期鞋"事件——即只能穿一个星期的鞋。

"星期鞋"的出现，是重发展速度、轻发展质量、不诚信经营带来的恶果。在产品供不应求的背景下，有些小作坊投机取巧，忽视了产品品质，甚至主动造假。"假药案"和"星期鞋"事件的发生，让民营经济刚刚起步的晋江"四面楚歌"，"晋江制造"成了假冒伪劣产品的代名词，并一度遭到怀疑、冷落甚至抵制。

这让绝大多数诚信经营的晋江企业家的自信心和自尊心遭到了极大伤害。他们深刻地意识到，产品质量关系到企业的生死存亡；要把企业做大，最根本的是诚信。

1987年下半年，陈埭人提出要走"质量兴镇"的道路。他们自筹资金200万元，与原农业部联办了全国第一家鞋塑质检所，聘请鞋业专家，自购检测设备，自建检测楼，开始对鞋类产品进行严格的质量检测。

1988年，晋江党委、政府提出了"质量下，晋江衰；质量上，晋江兴"的口号，并狠抓质量建设。1989年，晋江党委、政府将"晋江精神"提炼总结为"诚信、谦恭、团结、拼搏"，把诚信放在了首位。如今，这八个大字依然书写在晋江市委大楼的墙上，格外显眼。1995年，晋江正式提出"质量立市"的目标。

1996年，蔡金垵兄弟创立了盼盼食品。蔡金垵回忆说，当年自己做食品营销，全国各地跑。有一次，他在天津一个商场里看到一个年轻的妈妈带着小女孩，小女孩手里已经拿着一包虾条，却还让妈妈再买三包虾条。结果这位年轻妈妈真给孩子买了，而且自己也吃了起来。蔡金垵当时认定，健康、时尚的休闲食品一定会成为未来的发展方向，于是决定自己办厂。

蔡金垵深知，食品行业对产品质量的要求更高。因此，从创办盼盼食品的第一天起，蔡金垵就不断向员工灌输一个理念："做食品，必须把消费者当作亲人。给亲人做食品，没有理由不用心。"

由此，盼盼食品自创办之初便坚定了全产业链的发展方向，并先后在省内外建立了10多个订单式农副产品种植养殖基地，保证了集团所需优质农产品原料的供给。盼盼食品还依托国家CNAS认可实验室，采用故障智能分析系统，从原材料种植采购、配料、生产、包装、检验到运输，整个生产销售过程实现了"全员、全过程、全方位"的360度"无死角"标准覆盖质量管理体系。

如果说晋江的企业在20世纪80年代主要依靠产品数量取胜的话，到了20世纪90年代以后，更多的则是依靠质量取胜。正是依靠质量革命，"晋江制造"终于"柳暗花明又一村"，在市场上恢复了信誉。

记者旁白：在经历过"假药案""星期鞋"等负面事件冲击之后，晋江人痛定思痛，深刻反思，终于认识到在市场经济环境中，诚信是金，诚信是命，诚信是立身处世之本，发展商品经济必须时时刻刻讲诚信。这个道理，是晋江人付出了巨大代价才明白的。由此之后，他们坚持事事处处讲诚信，重赢信任，重树形象，重新出发。

品牌之都

1998年和2002年，晋江先后提出"品牌立市"和"品牌之都"发展目标，制定品牌发展规划和各项优惠政策，采取各种行之有效的具体举措，引导企业用自主技术创立自有品牌。

事实上，由于亚洲金融危机改变了整个陈埭鞋业的生存状态，企业贴牌生产的平均利润空间越来越小，陈埭的鞋企也迫切希望拥有属于自己的品牌。

这一次，第一个跳出来吃螃蟹的是安踏集团。

在20个世纪80年代，安踏集团的创始人丁世忠初中毕业就结束了学业，他用1万多元买了600双晋江鞋，只身一人到北京闯荡。1991年，这位年轻人带着20万元回到晋江，和父亲丁和木、兄弟丁世家三人共同创建了安踏。

安踏刚起步时，李宁牌已牢牢占据中国第一体育品牌的位置，阿迪达斯和耐克两大世界体育品牌也牢牢占据了国内的高端市场。

要弯道超车，就得有非常规的动作。1999年，安踏公司邀请了乒乓球运动员孔令辉作为形象代言人，并打出了"我选择，我喜欢"的广告词。2000年，孔令辉获得第27届悉尼奥运会冠军，伴随着孔令辉频繁出现在央视，安踏品牌逐渐家喻户晓。

那一年，安踏开始在全国各大城市设立专卖店、专卖柜、专卖点，与消费者之间建立了直接的购销关系，把销售产品的工作做到了终端。"安踏运动鞋"从此风生水起，销量迅猛增长，成为晋江运动鞋行业的龙头企业。2007年，安踏又对品牌定位进行梳理，推出"安踏，永不止步"的广告词，既彰显了企业精神，也升华了品牌内涵。

安踏在品牌打造上的成功，让晋江的企业意识到了品牌建设的重要性，品牌建设成了企业家当时最关心的话题。

利郎执行董事兼副总裁胡诚初回忆说，从1996年起，利郎开始陷入迷茫，1998年的时候已经濒临倒闭。安踏的成功，让利郎意识到必须重整旗鼓。他们把公司的产品定位为"商务休闲男装"，并决定请著名演员陈道明作为形象代言人，走品牌化之路。

当时，在利郎内部也有不少反对意见。有人说："有钱请代言人，为什么不能把漏油的缝纫机先修一下？"利郎的股东们顶住了压力，决定"赌"一把。陈道明当时开出的代言费要价并不高，但利郎的账户上已经没有多少钱了，为了凑够代言费，利郎还找丁世忠的家属借了50万元。

这一次，利郎"赌"对了——陈道明的气质与利郎的品牌定位十分吻合，利郎借着陈道明的名气一举成名。在2002年的北京服装博览会上，全国各地许多经销商慕名找到利郎，寻求加盟合作，利郎走出了最艰难的时刻。

2004年雅典奥运会期间，利郎再次抓住商机，提升了品牌知名度和市场份额。这一年，利郎的销售额从2003年的4000万元飙升至4亿元。

尝到甜头的利郎，在追求品牌的道路上愈发痴迷。王良星曾对媒体说："我们通常一件衬衫可以卖80元，但是很多国际品牌一件能卖8000元。我们靠什么去追赶、去超越？"利郎决定放眼全球，吸引更多设计人士加盟，为利郎的产品设计注入新的元素，为消费者提供全新的品牌体验。

在晋江的"品牌之都"建设上，洪肇设同样是赫赫有名的人物。在

1998年的第十三届亚运会上，柒牌服装已经是中国队礼服的赞助商。不过，真正让柒牌大放异彩的，是2003年推出的中华立领。

洪肇设回忆说，当时国内品牌男装的竞争十分激烈，国际时尚品牌对中国市场的冲击也很大。如何让中华立领在市场上"立"起来？柒牌邀请了著名演员李连杰作为形象代言人，并推出了广告口号"每一位男人都应该有一件中华立领""重要时刻，我只穿中华立领"。广告刊播后，柒牌的订货量迅速飙升。

依靠品牌营销的巨大成功，柒牌以"一把剪刀、300元资产起家"，如今已在31个省份设立3500多家专卖店。2017年6月揭晓的"中国500最具价值品牌"显示，柒牌品牌价值为425.72亿元，位居服装品牌前列。

今天的晋江，已经汇聚了一大批品牌企业。在男装领域有七匹狼、柒牌、利郎；在运动鞋服领域有安踏、乔丹、特步；在食品领域有盼盼、蜡笔小新、亲亲。这些耳熟能详的品牌，让晋江有了"品牌之都"的美誉。

记者旁白：从产品到品牌，是消费者消费升级的必然需求，也是供给端转型升级的必经之路。在经历了荣誉之战后，晋江涅槃新生，重获信任，大踏步迈向品牌之都。一个县级市，竟然产生了数十个享誉全国的品牌，堪称奇迹。而这，正是晋江经验的集中体现。

借力资本

1996年，恒安已经是一个年产值十几亿元的大型企业。随着业绩的飞速增长，创始人许连捷感到越来越累。

"集团内部大大小小的问题都要处理，管理层能做的只是头痛医头脚痛医脚，企业缺乏系统有效的管理机制。"许连捷回忆说。

如何迈过这个坎？许连捷当时的想法把身边人吓了一跳：上市。在人们眼里上市意味着把企业"交出去"，意味着以后不再是许连捷一个人说了算。

"当时很多企业家对上市是陌生的。有人说，上市就像一个潘多拉魔盒，你不知道打开之后会蹦出什么，但晋江企业家从来都不会抵制新事物。"许连捷说，想把企业进一步做大做强，必须解决好三个层面的问题，资本运作、运营机制规范和管理结构调整，而资本运作已经是当时恒安集团最为关键的要素。

1996年，恒安集团开始筹备上市，并选择香港著名证券公司百富勤作为保荐人。1997年，东南亚金融危机爆发，百富勤陷入财务困境并最终进行清盘。百富勤的倒闭，也让恒安集团陷入了被动。1998年年初，在香港上市已经进入关键时期的恒安集团临时更换保荐人。当年12月，恒安集团在香港联交所成功挂牌上市。

恒安集团的成功上市，开启了晋江企业的上市之路。晋江市金融工作局党组书记、局长刘向阳回忆说，恒安的成功，在晋江的企业中引起了不小的轰动。晋江党委、政府在调研中也发现，晋江很多民营企业已经具备一定实力，特别是1998年提出"品牌立市"以来，不少企业实力更强了，他们也有上市的冲动和热情。

2001年，晋江市成立了企业上市领导小组办公室（简称"上市办"），由时任体改办主任的刘向阳兼任上市办主任。2002年，晋江市提出了品牌运营和资本运营"双翼计划"。刘向阳回忆说，当时上市办的人对企业上市其实也十分陌生。为了尽快熟悉业务，为筹备上市的企业提供专业服务，晋江市决定先从办学习班开始。当时的第一期学习班定为"双翼计划培训班"，学员名额只有20个，计划按照企业规模来定学员名单。

虽然晋江党委、政府很重视这个培训班，但在邀请企业家来培训时还是颇费周折。一开始，企业家都是由晋江党委、政府的领导直接电话邀请，企业家在电话中满口答应，可当刘向阳登门再邀请时，有些企业家开始打退堂鼓，甚至有抵触情绪。

"有的企业家认为，上市以后公司就不是自己的，自己辛辛苦苦经营起来的企业，为什么要分给大家呢？"刘向阳回忆说，经过反复沟通协调，在凤竹、七匹狼、浔兴等几家企业的示范带动下，其他企业终于被说动了，第一期培训班如期开班。当时，培训班邀请的授课老师都是资本市场的"大咖"，有来自证监会的，有来自上交所、深交所的，还有国内知名专业投行的。不少企业家在课程结束时，对上市的看法有了明显改变。他们当中不少人不仅正确理解了资本市场的功能，也认识到了资本市场的利弊。

之后再办培训班时，上市办决定组织企业家外出考察。考察的第一站是江苏的江阴。当时，江阴的上市公司有20多家。晋江市政府主要领导带着企业家到江阴去，与江阴的上市公司老总交流上市前后公司生产经营和发展的变化，让企业家对上市有更直观的认识。

此后，培训班还组织企业家到深交所参观，让企业家感受上市的氛围。"很多企业家在现场体验后，嘴上虽然没说，但其实已经暗下决心，想做下一个'敲钟人'了。"刘向阳说。

当然，企业上市不是嘴上说说，而是需要企业提升优化内部管理，严格财务管理。规范化的经营管理，必然给企业增加不少成本。如果没有政策支持，企业家很容易摇摆、打退堂鼓、止步不前。

因此，晋江决定从资金方面为企业降费减负：财政资金的奖励从300

万元提升到500万元；参照上市之前三年新增税收地方分成部分，全额补助，上完市两年内减半补助；此外，政策还对上市后公司募投项目落地、再融资、并购重组等方面给予支持，并帮助企业招募董秘和财务总监等人才。

有政策支持，企业家的信心更足了。2004年，凤竹、七匹狼先后在A股上市；2006年，浔兴上市。此后，安踏体育、梅花伞、福兴集团等公司纷纷上市。此后四五年，晋江几乎每年都有几家企业上市。

截至目前，晋江市共有境内外上市公司46家、股票48只，数量居国内县域前列，募集资金折合人民币370亿元，总市值近3000亿元。

刘向阳认为，"晋江板块"的异军突起书写了爱拼敢赢、永争一流的企业激情和拼搏精神，描绘出了晋江一步一个脚印，从"产品经营"到"品牌经营"再到"资本运营"的科学发展之路，也勾勒出各级政府充分发挥市场在资源配置中的决定性作用，构建功能完善、规范透明和健康高效的资本市场的改革之路。

*记者旁白：*借力资本市场，晋江的民营企业迅速做大了体量，优化了模式，提升了素质。更为重要的是，晋江民营企业多为家族企业，改制上市过程，也是企业借助资本市场这一外部监管平台，克服家族企业弊端，实现产权明晰化，完善战略规划，提升内部管控能力，促进生产经营和管理模式迅速与市场、国际接轨的过程。

政商关系

良性的"政企互动"是晋江民营经济健康高速发展的法宝，也是"晋江经验"的重要内容之一。

当年，晋江从"三闲起步"，到"三来一补"过渡，再到"三资企业"上路，晋江党委、政府不仅搭建原料进口平台，帮助解决原材料短缺的实际困难，而且在关键节点给民营企业"戴红帽""戴洋帽"。有了党委、政府的支持，许多农民开始走出传统经济结构的圈子，在商品经济领域中展现出了不俗的才华。

在20世纪80年代末90年代初，全国出现姓"资"姓"社"问题的讨论，晋江当地的企业家开始犹豫，该投的资金不敢投，该上的项目不敢上，晋江党委、政府顶住了压力，提出用"四个有利"来评判乡镇企业：有利于发展生产；有利于增加社会就业，提高人民群众生活；有利于兴办企业事业和集体福利事业；有利于增加国家收入。

中国社会科学院"'晋江经验'新发展新启示"课题组认为，晋江党委、政府顶住压力，因地制宜，及时调整政策，打破市场主体发展瓶颈，是晋江民营企业和实体经济没有停下奋力创业脚步的重要原因。

1992年，邓小平在南方谈话中指出，"计划经济不等于社会主义，资本主义也有计划；市场经济不等于资本主义，社会主义也有市场"。同年召开的党的十四大明确提出建立社会主义市场经济体制，成为我国市场经济体制改革历程中的一个转折点。

这一年，晋江撤县设市。这一年，企业面临更加激烈的市场竞争。晋江市委、市政府及时引导企业转变经营方式，建立现代企业制度，加快企业技术创新，实施名牌战略，做大做强企业，显著提高了企业的整体素质和市场竞争力。在此后的20多年里，晋江市委、市政府还积极推动打造品牌之都、助推企业上市等。

"在不同发展阶段、关键节点，我们都会因势利导，提出不同发展战略，帮助企业找方向、定航标。"刘文儒说，在做好"引路人"的同时，政府也努力当好"推车手",特别是通过搭建专业技术公共平台,为企业解决创新中的"痛点",推动企业更好地搞创新研发。

中国皮革和制鞋工业研究所(晋江)有限公司就是晋江引进的公共服务平台之一。负责人王文琪告诉记者,早在2009年的时候,中国皮革和制鞋工业研究所就与晋江当地的企业开展业务合作,帮助企业做产品研发。晋江市委、市政府获悉这一情况后,主动邀请研究所到晋江设立研发平台。

2013年,皮革所晋江有限公司正式成立。皮革所与晋江当地鞋企的互动更加频繁了,不仅为企业提供产品质量检验服务,还帮助企业找出产品质量问题的原因,提供技术解决方案,对共性的产品质量问题进行发布,帮助更多企业避免不必要的损失。自成立以来,已为企业解决了120多件各类质量问题。

对于一些更加前沿的科技创新研发,为了减少市场主体的顾虑,使其能更加专注地从事技术研发,晋江市政府还主动投资设立独立法人资格的事业单位,同时设立国有性质的企业运营平台。

福建海峡石墨烯产业技术研究院院长肖炳烜告诉记者,石墨烯是一个新兴产业,研究团队之前和其他城市谈过合作事宜,很多地方虽然感兴趣,但政策优惠力度有限。晋江在与研究团队沟通后,决定由市政府投资主办具有独立法人资格的事业单位,同时设立国有性质的企业运营平台——福建海峡石墨烯产业技术研究院有限公司。这给了研发团队巨大的鼓舞,产业院也成为具有公益性和开放性的石墨烯产业技术研发的公共技术服务平台。

在构建政商关系中,晋江市还把营商环境作为重要生产力,坚持以国际化标准完善城市配套,全面建设服务型政府,在全市推广"不叫不到、随叫随到、说到做到、服务周到"和"马上办、网上办、就近办、一次办"的服务理念，营造便捷化、法制化、国际化的营商环境，激发和保护企业家精神。

记者旁白：企业要发展，市场要做大，离不开亲清的政商关系。晋江历届党委、政府，当好"引路人"，做好"推车手"，为企业发展助力加油，替企业发展排忧解难。改革开放40年来，晋江民营企业规模越来越大，活力越来越强，既是晋江亲清政商关系的成果，也是晋江亲清政商关系的明证。

生根开花

"晋江经验"是晋江、泉州也是福建的一笔巨大财富，需要我们在新时代不断进行总结、创新和发展，并用以指导晋江、泉州、福建乃至全国改革开放与社会主义现代化建设的伟大实践。

在泉州南安，梅山镇蓉中村过去是一个耕种无土地、就业无岗位、生计无着落、创业无出路的"四无"小村庄。全村土地面积1平方公里，耕地面积500亩，2000年村级欠账数十万元，2000多个村民，有数十户生活在贫困线以下。

面对资源匮欠、经济落后的局面，蓉中村艰难探寻，盼望能冲出重围，走出一条属于自己的脱贫致富之路。2002年，时任福建省省长的习近平同志在总结晋江经验时指出：学习借鉴晋江经验，最根本是要始终坚持以发展社会生产力为改革和发展的根本方向，充分发挥自身优势，从继续突破影响市场经济发展的体制性障碍和不断提高生产力要素水平两个方面，促进社会生产力的全面发展。

蓉中村党委书记李振生说，蓉中村党委在认真学习讨论后，立足本地优势，明确"工业兴村"的思路，提出了"打造企业品牌，以品牌推动企业发展"的实施方案，在村原有企业的基础上，科学整合、有序拓展。

十几年来，蓉中村在莱克石化、蓉中电气两家龙头企业的辐射带动下，村民们先后办起了有一定规模的民营企业18家，小微企业数十家，年产值16亿元以上，近600多名村民就地就业，占村民总数的五分之一。2017年，蓉中村实现工农业总产值16.6亿元，上缴税收4200万元，村集体经济收入240万元，农民人均纯收入25100元，人均上缴税收14000元。

"'晋江经验'是指引、推动九牧健康发展的核心动力。"九牧厨卫股份有限公司董事长林孝发说，28年来，九牧秉承敢为天下先、爱拼敢赢的闽商精神，专注打造智慧厨卫空间，并把智能制造引入传统产业，从一个家庭作坊逐步壮大。

学习借鉴晋江经验，就要像晋江市那样，始终坚持以市场为导向。多年来，九牧深入研究市场及消费者需求，从解决中国低水压的空气增压旋舞水花洒，到更适合国人使用的电解除菌水洗智能马桶G5，再到一键智能、健康管理的M6名匠系列套间，探索出了一条从"传统产业—智能家居—大健康产业"的转型升级之路。

泉州市安溪县曾经也是国家级贫困县。经过改革开放40年的奋力发展，如今已跻身中小城市综合实力全国百强县第65位、最具投资潜力中小城市百强县第25位。

"晋江经验之一，是始终坚持立足本地优势，选择最佳方式加快经济发展。铁观音茶是安溪独有的优势资源，多年来，安溪县始终坚持围绕茶产业做文章。"安溪县委书记高向荣说，近年来，面对经济下行压力，安溪深入实施"茶业富民"战略，巧做"加减法"，力促茶业"二次腾飞"，也让茶乡百姓的"钱袋子"鼓了起来。

鸡蛋不能放在一个篮子里。为了改变"一茶独大"的局面，安溪县又悄然打响调结构、谋转型的"战役"：一方面，为了保护绿水青山，安溪在全省率先完成石材行业全面退出，立窑水泥生产线、黏土机砖厂、造纸生产线等全部淘汰出局。另一方面，信息技术、光伏光电、智能制造、现代物流等产业迅速发展壮大。

在安溪县湖头镇，中科院植物所和三安光电共同设立了福建省中科生物股份有限公司。2016年6月，该公司建成了国际上单体面积最大的首栋1万平方米的生长环境全智慧控制的植物工厂并正式投产，日产绿色无污染、高质量蔬菜1.5吨至1.8吨。今年6月份，中科三安的植物工厂二期自动化厂房正式投入使用，生产效率大大提升。

泉州市委书记康涛说，自2002年以来，"晋江经验"加快在泉州复制推广，县域经济从一枝独秀到多点开花，晋江、石狮、南安、惠安、安溪5地进入全国百强县。泉州全市综合实力不断跃上新台阶，地区生产总值从2002年的1081亿元跃升至2017年的7500亿元以上，经济总量连续19年保持福建省首位；人均GDP从1.45万元提高到8.76万元。

记者旁白："晋江经验"是福建、泉州、晋江人民对中国特色社会主义发展道路的成功实践，是中国民营经济、非公经济从孕育到成长、从发展到壮大的一个缩影。在实践探索中，"晋江经验"已经并将继续展现出巨大的活力、创新力和影响力。

结　语

习近平总书记关于"晋江经验"的总结提炼，极具前瞻性、战略性、科学性，富有辩证思维，闪耀着真理光芒。在"晋江经验"的指引下，晋江始终坚持解放和发展社会生产力，坚持社会主义市场经济改革方向，全面激发全社会创造力和发展活力，走出了一条全面发展之路。

随着中国特色社会主义进入新时代，"晋江经验"对于当前和今后一个时期我国改革发展仍具有十分重要的借鉴意义。我们要坚持以习近平新时代中国特色社会主义思想为指导，坚持改革不停顿、开放不止步，让改革造就新气象、开放带来新活力、发展打开新空间，不断开创高质量发展的新局面。

（采访组成员：杨国民、薛志伟、祝惠春、王玥、林火灿，执笔：林火灿，《经济日报》2018年07月11日13版）

义乌——

义乌小商品市场改革发展纪事

这是一个"建在市场上的城市"。玩具、箱包、钟表、五金、饰品、家居用品、电子产品……在浙江义乌，小商品无奇不有、无所不在，吸引了全国乃至全球络绎不绝的采购商。数据显示，义乌中国小商品城经营着26个大类、210万个单品，日均客流量21.4万人次，商品辐射210多个国家和地区。每年到义乌采购的外商有50多万人次，来自100多个国家和地区。去年，小商品城成交额为1226亿元。

将时间的指针拨回到40年前，那时的义乌还是个"七山二水一分田"、粮食高产却贫穷的落后县。它既不沿海，也不靠边，自然资源匮乏，交通不便。然而随着改革开放一声春雷，义乌人那浸入血脉里的商业基因被激活了，他们从"鸡毛换糖"、摆地摊儿起家，历经风风雨雨，坎坎坷坷，硬是将一个贫穷落后的农业县变成"买全球，卖全球"的世界超市。

"鸡毛换糖"闯世界——
缝隙里长出小市场

"鸡毛鸭毛换糖喽……"在义乌中国小商品城发展历史陈列馆里，有一个硕大的拨浪鼓，牵动着无数义乌人的童年记忆。据浙江金士敦供应链管理有限公司董事长金小民回忆，儿时的他，最盼望听到的就是货郎担"咚咚"的拨浪鼓声。他们肩上挑的如同一个百宝箱，用鸡毛鸭毛就可以换取糖块、玩具等。

一方水土养一方人。义乌经商历史悠久，可追溯到宋代，而以晚清尤甚。据《义乌县志》载："早在清乾隆时，本县就有农民于每年冬春农闲季节，肩担'糖担'，手摇拨浪鼓，用本县土产红糖熬制成糖饼去外地串村走巷，上门换取鸡鸭鹅毛、废铜烂铁，以取微利。"义乌民间行商习俗经过多年演变，渐成"敲糖帮"。新中国成立后，"敲糖帮"逐渐萎缩，但并未彻底绝迹。由于人多地少，每逢春节前后，仍有很多义乌农民挑担外出，风餐露宿，翻山越岭，"鸡毛换糖"。

事实上，义乌的很多成功商业人士，当年就是靠"鸡毛换糖"起家的。义乌市双童日用品有限公司董事长楼仲平就是其中之一。"那时，我们村人均只有两分地，连白米饭都吃不饱。14岁起，我就跟着父辈去江西弋阳挑货郎担。"回忆起当年的艰辛，楼仲平记忆犹新。"我们一般是农历腊月二十前出门，正月十五前返回，连续3年我没有回家过年。"

由"鸡毛换糖"起步，20世纪70年代，不少义乌农民开始沿街摆摊，地处义乌廿三里镇的小商品市场悄然兴起。义乌市市场发展研究中心主任何建农回忆说，以家庭联产承包责任制为主体的农村经济体制改革开始推行的时候，义乌稠城镇和廿三里镇已自发形成小商品市场。但那时小商品交易还被视为"投机倒把"，相关部门严打封堵。可在义乌，这些"资本主义尾巴"总是"春风吹又生"。

1978年，党的十一届三中全会胜利召开。改革春风吹拂大地，但义乌仍在等待冰消。而小商品市场从"地下"转入"公开"，源于一个"提篮女"叫板县委书记的"传奇"故事。

"提篮女",真名冯爱倩,如今已80岁高龄。作为义乌小商品市场发展的重要见证者和亲历者,当时的情形她历历在目。1979年,由于家庭困难,她下定决心,卖掉10担谷子获得80元"本金",又从信用社借了300元,开始了摆摊谋生。从北门街到廿三里再到湖清门,冯爱倩起早贪黑,进货卖货,但摆摊的地方一直在换,原因是被当时叫作"打击投机倒把办公室"的部门赶来赶去。"天天抓,天天逃,抓到一次罚款1元,两三天的生意白做了。"

到了20世纪80年代初,像冯爱倩这样的人越来越多,他们决定找当地官员申诉。由于当时这尚属政策敏感地带,很多干部怕丢"乌纱帽"顾虑重重。泼辣的冯爱倩说:"我头上没东西戴,只是个妇道人家,我不怕,我去找!"找谁呢?就找县委书记!

1982年5月,谢高华从浙江衢州调到义乌担任县委书记。在很多义乌人记忆中,谢书记不太爱坐办公室,喜欢下基层。他身材消瘦,穿着普通,走村串巷,没有一点官架子。

"那天,我看他从县委院子走出来,去弄堂理发,我就在弄堂口等。他出来时,我就迎上去了。我当时情绪比较激动,叽里呱啦讲了一通,夹杂着当地土话。谢书记是讲衢州话的,听不大懂。看到围观的人越来越多,他说:'你不要吵,跟我到办公室去谈'。"到了办公室,冯爱倩哭诉,"日子太苦了,我有妈妈和5个孩子要养。有一次家里没米了,我借了7户人家,也没借到。我要摆摊做生意,却被赶来赶去,还要受罚"。

谢文华说摆摊政策不允许,冯爱倩的情绪有些激动:"我靠自己劳动,有什么不对?"谢高华劝她别哭,示意她坐下来谈。据冯爱倩回忆,这场谈话持续了几个小时。临走时,谢高华说:"你暂时去摆好了。"

其实，冯爱倩反映的问题，谢高华何尝不知道？可这个问题涉及政策红线，敏感、棘手而又复杂，谢高华决定先搞调查研究。通过调研，谢高华认为搞活市场符合中央精神，政府应顺应民意给地摊市场松绑。但在当时，让农民进城经商要承担很大风险。谢高华明确表态："尊重群众首创，出了问题我负责！"于是，义乌县委班子集体决定，开放小商品市场。其后，义乌出台了"四个允许"——允许农民经商，允许农民进城，允许长途贩运，允许多渠道竞争。

1982年9月5日，稠城镇的湖清门小商品市场一开放，周边的群众便像潮水般涌向义乌。谢高华回忆说："可以讲，这个生命力是那么强，冲击波那么大，我也没估计到，摊摆到县委门口来了！"

"当年要不是有谢书记那些基层党员领导干部冒着牺牲政治生命的风险，用强大的行动力推动，义乌小商品市场就不可能先行一步，率先发展。"何建农的感慨代表了义乌群众的心声。

1982年9月16日，国务院决定将160种小商品价格正式放开，实行市场化调节。1984年10月，谢高华在全县镇乡党委书记会议上正式提出了"兴商建县"（义乌撤县建市后改为"兴商建市"）的发展战略，指出要"以贸易为导向，贸、工、农相结合，城乡一体化，兴商建县"。30多年后，这个发展战略仍在一以贯之。

记者旁白：穷则思变。借了7户人家都借不到米的冯爱倩们迫切要求搞活市场，改善生活。当地主要领导干部吃透中央精神，顺应群众期待，大胆决策，做出了顺应民心之举。可以说，义乌之所以能有今天的发展，与改革开放破冰之初，一大批党员领导干部锐意进取，敢于担当有着很大关系。这个启示，在全面深化改革的当下，有着巨大的现实性和针对性。

小商品，大市场——
五代市场进化史

就这样，义乌小商品市场如同从缝隙中艰难生长出来的小草，迎着改革开放的春风，生根发芽，不断生长进化，逐渐升级，算起来至今已经5轮迭代。

正如谢高华所言，小商品市场"生命力是那么强，冲击波那么大"，他没有预料到。第一代小商品市场开业后仅3个月，市场摊位数量增加近一倍。许多商户自带门板，搭起塑料棚架，自行向新马路两端延伸。到1982年底，市场便有了30多个大类的2000多种小商品。但看着每天从附近10多个省区市蜂拥而至的采购者，义乌人发现，市场的承载力已到了极限，市场的物理空间亟须扩容。

时代给予了义乌更多的机会。1984年10月，党的十二届三中全会召开，提出"发展有计划的商品经济"，这给义乌市场吹来了又一股春风。工欲善其事，必先利其器。义乌县委、县政府当机立断，千方百计筹集57万元资金，于1984年12月建成占地35万平方米、固定摊位近2000个的新马路市场，摊位从露天搬进了棚子，这就是义乌第二代小商品市场。

新马路市场建立后，每天前来交易的客商过万，商户摊位逐渐又扩展到朱店街。这条近15米宽的街道，曾是义乌小商品城同业工会会长楼南六最初摆摊的地方，条件十分简陋，连遮风挡雨的棚子都没有，一到刮风下雨，就要立刻收摊。市场距楼南六的家有17公里，他每天早出晚归，乘三轮车往返。

在楼南六身上，流淌着义乌商人吃苦耐劳和果敢无畏的血液。"有一次进货，我们借了1万元。那时也没有支票，我们两口子只好把现金绑在腰上，晚上连觉也不敢睡。进的是一些进口的布头，托运一部分，自己背一部分。布料运回来之后，皱巴巴的，我们半夜起来轮流熨烫。"这些草根商人在创业期间吃了多少苦、受了多少罪，外人很难体会。但在楼南六看来，"比谁都勤奋、比谁都吃苦耐劳"恰恰是义乌商人身上的闪光点。

俗话说"同行是冤家"，市场竞争激烈，像进货地点这种商业秘密，一般人都不愿共享。但楼南六从不藏着掖着，去广州进货时，也带上村里人一起去。"义乌几乎一半同行都是我带去进货的。有钱大家一起赚。"楼南六说。

符合时代潮流的新生事物，往往具有强大的生命力。义乌第二代小商品市场运行不到两年，对进一步扩大规模的呼声日益高涨。1986年9月26日，占地4.4万平方米、摊位数4100个的城中路小商品市场开业了。到1990年底，该市场占地7.7万平方米，摊位增加到10500余个，成为当时全国最大的小商品批发市场。

可1990年初发生的两件事情，让管理者、经营者看到了过快发展与管理滞后矛盾带来的不良后果。一件是宰客事件。当时，一位哈尔滨客商在某摊位进了一批戒指饰品，每只0.5元，但在另一处摊位发现进价只有0.15元，于是与摊主发生争执，双方各执一词，闹得不可开交。另一件是鞋类经营"无心插柳柳成荫"。当时，有一批温州鞋类经营户要求进场摆摊，被集中安排到偏僻处，但令人想不到的是，竟然货多成市，生意兴旺。

一面，是市场的快速繁荣，快速发展，声名日隆。另一面，是管理滞后带来的市场秩序不规范、假冒伪劣横行、欺行霸市等问题，甚至有商户趁客商场地陌生、盲目下单的机会哄抬价格，给市场声誉带来极其不好的影响。义乌的发展，站在了一个十字路口。

何樟兴，时任义乌小商品市场工商管理处处长，他经过深入思考后提出了一个对义乌市场影响深远的设想："划行归市"。所谓"划行归市"，就是按照商品品种，分门别类设置摊位，同类商品同一区块经营。顾客进场，很快便可找到自己所需商品的地段，并在同类商品的摊位前货比三家，让假冒伪劣、哄抬物价就此失去市场。

可这个设想一经提出，便因巨大阻力而差点胎死腹中。1991年下半年，市场管理部门为"划行归市"积极准备，并要求经营户申报经营种类。整整3天，报名人数为零。最终，市场管理部门不得不成立工作组，轮流做市场骨干商户和党员商户的思想工作，这才完成了报名工作。

打铁要趁热。1992年1月21日，义乌市委、市政府（1988年，义乌撤县建市）全力支持"划行归市"，把市场分成8个交易区，经营商品初分为16个大类。同年2月，篁园市场一期工程竣工投入使用，这就是第四代义乌小商品市场。随着篁园市场二期、宾王市场的相继竣工，至1995年11月，义乌已拥有了占地46万平方米、摊位3.2万个，当时堪称全国最大的室内商品批发市场。

6年后，义乌国际商贸城一区市场正式投入使用，以后逐渐扩大为5个区。它与篁园服装市场、国际生产资料市场共同组成了义乌中国小商品城，第五代小商品市场正式亮相。

实际上，伴随着市场的不断发展壮大，市场管理部门的改革也如影随形。1993年12月，义乌市政府对市场经营管理体制进行重大创新，市工商行政管理局与义乌中国小商品城实行管办分离，组建义乌中国小商品城股份有限公司，后更名为浙江中国小商品城集团股份有限公司（简称"商城集团"），为国有控股企业，负责管理和运营义乌小商品城。商城集团市场运营管理部副经理杨波在这里工作了15年，与许多老商户非常熟络。他说，"要素资源市场化配置"是他们在招商中的一贯思路。招商时，他们并不简单满足于填满商铺，而是进行"选商"，选择对义乌市场发展产生积极影响的企业和商户入驻。"市场的物理空间是有限的，现阶段，我们会把资源配置给真正对义乌市场能起引领作用的企业。"杨波说。

2016年，商城集团推出了"拨浪鼓服务平台"，为商户提供各种线上服务。义乌中国小商品城信息技术有限公司副总经理陈丽进介绍，目前，市场里所有基础性服务，如商位续租、水电、停车、物业管理等收费，都已转移到线上。一些纳税方面的事项，商户也可以在线上操作，由商城集团的工作人员与税务部门对接。

除了运营管理市场、服务商户，商城集团还承担了编制"义乌·中国小商品指数"的重要职能。义乌小商品市场功能齐全、辐射范围广、专业化程度高，这里的交易规模、价格走势、景气状况等，对全国乃至全球日用消费品市场均有一定的参考价值。2006年10月22日，"义乌·中国小商品指数"由商务部对全球正式发布，义乌中国小商品城信息技术有限公司指数办公室主管楼瑾介绍，"义乌·中国小商品指数"已成为"小商品价格的风向标和大市场行情的晴雨表"。

迭代升级的不仅是市场规模。浙江省义乌市委常委、副市长多佳这样梳理义乌小商品市场的发展历程：20世纪70年代末、80年代初，我国由计划经济向市场经济转轨之初，义乌率先建立小商品市场，也就是第一代"马路市场"。各地涌现出各类市场后，义乌市场转型发展为第二代批发市场，成为全国小商品流通中心。第三代市场以商带工，发挥商贸资本雄厚、市场信息灵敏等优势，发展与市场关联度高的小商品加工业。

第四代市场是中国加入世贸组织后，义乌大力发展国际贸易，向全球出口小商品，逐渐形成以国际贸易、洽谈订单、商品展示、现代物流等为主的新型业态。如今的第五代市场，初步形成了国内贸易与国际贸易融合、线上贸易与线下贸易融合的新局面。

记者旁白：从路边摊到商贸城，从买全国卖全国到买全球卖全球，从卖残次品到卖品牌货，从有形市场到无形市场，义乌的小商品市场随时代变迁前行，逐变革浪潮而不断扩大。伴随着市场升级迭代，管理者遇到过各种烦恼，无论是"划行规市"，还是打击假冒伪劣，政府这只手持续发力，把控公共资源的配置权，调控有度，引导市场不断走向繁荣规范。在政府和市场的合力推动下，义乌小商品市场背后的产业链条不断延伸、完善。

小县城，大集群——
贸易生态圈成长记

义乌市陆港事务与口岸管理局国际陆港发展研究中心主任王建明今年55岁，是义乌小商品市场发展变化的见证者。他清晰地记得，20世纪80年代，义乌城区面积只有3平方公里，基本上是"一条马路七盏灯，一个喇叭响全城"。"小时候，城区人口少，住在大院里的人都很熟悉。在街上看到一辆自行车，都能说出是谁家的。"

随着义乌小商品市场越来越大，集聚效应越来越强，"买全国，卖全国"的格局逐渐形成。20世纪90年代初，义乌市委、市政府敏锐地发现了这一变化，便因势利导号召广大经营户"引商转工"，实施"以商促工，工贸联动"策略，依托市场发展小商品加工业。"贸工联动，前店后厂"让义乌的小商品市场有了更雄厚的根基。

"那是义乌发展最大的转折点。此前，大家就是做做小生意，没有产业支撑。在此之后，几乎每家的摊位后面都有工厂，小点的有几台机器，大点的有十几台机器，那是义乌最红火的时期之一。"王建明认为，现在义乌依托的支柱产业，比如饰品、内衣、袜子、吸管等，都可以在那个时候找到雏形，如果没有那时的产业一跃，现在的义乌就会失去发展后劲。到2006年，义乌已拥有工业企业1万多家，走上了"小商品、大产业；小企业、大集群"的工业化发展之路。

义乌与外贸的缘分，开启于1994年前后。当时，不少义乌商人开始从内销转向外贸，一些企业进行设备改造，产品质量显著提升。此后，外商开始进入义乌，从"蚂蚁搬家式"的外贸起步，到20世纪90年代末，义乌开始有集装箱出口。2001年，中国加入世贸组织，义乌又迎来新机遇。入世第二年，外贸出口便占到了义乌小商品市场营业额的40%，也正是那一年，义乌开设了国际物流中心。而国际物流中心的负责人正是王建明。

随着物流通道、平台、口岸等建设的推进，义乌商品"走出去"有了更便捷条件。围绕建设国际陆港城市目标，义乌先后建成了义乌港、铁路口岸、航空口岸、国际邮件互换局、义乌保税物流中心（B型），成为国内唯一一个具备5大口岸平台功能的县级市。

"一站式供应链服务"是义乌的一大优势。来义乌采购的外商基本以综合采购商为主，当别处只提供一种或者某几种商品和服务时，义乌却能提供一站式供应链服务。同时，以市场为中心，各种资源要素向这里集聚，义乌成长起一批物流企业和贸易服务企业，形成了一个生机勃勃的"贸易生态圈"。

物流是小商品市场的"主动脉"。在义乌，各快递公司纷纷布点，大型货车川流不息。在位于云驿小镇的义乌市申通快递有限公司，记者看到，一辆辆像平板车一样的微型机器沿着二维码路径快速行进，将装载的包裹投入不同的分拣口，动作整齐划一，蔚为壮观。"这是分拣机器人，可以沿着二维码路径，准确地分拣包裹，而且彼此之间不会撞车。"义乌市申通快递有限公司办公室主任陈振龙说。

义乌申通成立于1997年，见证了义乌物流业的变迁。陈振龙说，2018年上半年，义乌申通预估票件量为8000万件左右，比去年同期增长30%左右，而义乌快递业上半年票件量同比增长高达50.6%。

由小商品市场衍生出来的物流产业，如今成为义乌的一张新名片。陈振龙认为，首先，这里货源充分。依托小商品城海量商品，取货便捷。其次，集货成本低。与一线城市相比，义乌城市面积小，成本要低得多。第三，省去转运环节。由义乌发往全国各地的货物相对均衡，可以直接从义乌发车。"如果以单位面积物流量来计算，义乌在全国应该是排前列的。"陈振龙说。

温州商人沈东青在义乌经营汽车配件生意，他17岁就离家闯荡，最后选择落脚义乌。对义乌物流成本的优势，沈东青深有体会。"我从广州发货到义乌，公路运输一立方米成本需要70元，而从广州发到温州，大概是120元。"

如果说，以义乌申通为代表的快递公司让内销配送变得快捷，那么在义乌数量众多的国际货运代理公司，则为商品走出国门提供了便利。义乌市国际货代仓储协会秘书长、扬翔国际货运代理有限公司负责人金丽仙干事风风火火，她19岁就摆摊做玩具生意，其父亲也曾是"鸡毛换糖"的货郎担。

结婚生子后，金丽仙成了全职太太，一过就是10年。虽然生活无忧，但她从未放弃做生意的梦想。2001年，义乌的外贸蓬勃兴盛起来，闻到商机的金丽仙"重出江湖"，开办了外贸加货运为主要业务的中海咨询有限公司。最初公司做的主要是海运，2002年开始开拓空运业务。"我们义乌有3个特产，红糖、小商品市场和义乌老板娘。"金丽仙爽朗地笑着说，"义乌老板娘"吃苦耐劳，亲力亲为，采购、装货、送货、设计啥都能干。如今管理着几家公司的金丽仙，仍然保持着创业的激情，每天早出晚归，业务也延伸至整个物流供应链。

目前在义乌市国际货代仓储协会注册的会员单位有150家左右，而为外贸提供服务的公司则有1万多家，这些服务企业，成为义乌商品走向全球的有力推手。

记者旁白：市场带动工业，工业支撑市场，市场与产业联动发展，是义乌发展的奥秘之一。在以外向型出口为主的义乌小商品城，市场的背后需要物流、结算、报关等后端服务的支撑，形成完整的产业链条，让义乌贸易生态圈始终生机勃勃。义乌的独特优势就在于这里拥有强大的"一站式供应链服务"和"贸易生态圈"，这也是义乌市场的核心竞争力之一。

敢创新，善创新——
发展节奏永不停歇

在义乌身上，承载着多方期待：全国首个县级市国家级国际贸易综合改革试点、全国18个改革开放典型地区之一、现代物流创新发展试点、金融专项改革试点、电子商务大数据应用统计试点、国家社会信用体系创建示范城市等15项"国字头"改革试点。今年7月，义乌又成功获批跨境电商综合试验区。今年9月，义乌小商品跨境出口新增空运直飞模式。

创新，创新，创新，是义乌永不停歇的节奏。

相信大家对于"拼"并不陌生，但你听说过"拼箱（集装箱）"吗？这是义乌众多创新中的一个小案例。中国加入世贸组织后，义乌外贸出口迅速发展起来。由于小商品出口数量少、品种多、更新快，往往"一个集装箱就是一个小超市"，拼装商品达上百种，一一报检，容易出现"出关阻塞"。

在实践中，义乌海关关员发现，小商品具有的"出口货物市场直采""不涉及出口退税"等特点，与当时"边境游"中的旅游购物贸易方式非常相似，更符合当地实际。于是，义乌市政府便积极向海关总署申请采用旅游购物贸易方式并于2004年获批。实践证明，旅游购物贸易方式对义乌小商品出口的促进作用是巨大的。2002年，义乌小商品的出口数量不足1万标箱。至2009年，这一数量猛增至50多万标箱。

在探索建立市场采购贸易方式的过程中，义乌作为我国首个由国务院批准的县级市综合改革试点，也是一马当先，一系列利于操作、便利贸易的措施出台：市场采购贸易方式免征增值税，不征不退；报关限额由每批5万美元提升至15万美元；出口货物可以按大类申报和认定查验，不用再详细写上小类；在结汇方式上，允许外贸主体个人收结汇……相关改革极大提升了商品出口的通关效率。今年上半年，义乌市以市场采购贸易方式出口额突破千亿元大关，达到1015.4亿元，增长1.4%，占义乌市外贸的81.9%。目前，市场采购贸易方式已经复制推广到全国7个专业市场。

商机稍纵即逝，唯有快速反应才能赢得先机。如何提高行政审批和服务效率，创造优质的营商环境？义乌相关管理部门一直在探索。走进义乌市行政服务中心大厅，记者看到"只进一扇门，只对一个窗，最多跑一次"的字样非常醒目。大厅内，各办事窗口井然有序，高效运作，这正是义乌"最多跑一次"政务服务改革的成果。

义乌市行政服务中心副主任吴建华告诉记者，今年4月26日，他们还设立了"'跑一次没办成'投诉与代办窗口"，当群众"跑一次没办成"时，可以到该窗口咨询、投诉，义乌市各部门的负责人轮流在这里值班解决问题。

8月19日，浙江省政府新闻办公室发布消息，26条改革典型经验将在浙江全省推广。其中，义乌"涉企证照工商通办"改革作为聚焦营造最优营商环境，深化企业投资项目"最多跑一次"改革的经验名列其中。

义乌市市场监督管理局小商品城分局工作人员何冠群介绍，今年5月2日，义乌在浙江省首推外贸企业"涉企证照由工商部门通办"模式，实现外贸企业办理执照和备案"跑一次"。7月，义乌全面启动"涉企证照工商通办"，包含大学生创业企业认定备案等28个备案备查类事项的"多证合一"，以及烟草局、商务局等11个部门的32个高频行政审批类事项与营业执照的"证照联办"，只需到通办窗口跑一次就可办妥。从时间上来看，涉企证照的办理时间已压缩到4个工作日。

诚如一位长期研究义乌的专家所言，义乌的发展就是不断"倒逼改革"，在这个过程中，义乌市委、市政府尊重群众的首创精神，让监管体制不断适应新形势，不断向新兴业态趋近。

记者旁白：市场领先源自思想领先。40年前，义乌敢为人先，开启了波澜壮阔的"兴商建市"历史征程。40年后，义乌进入建设"世界小商品之都"的新时期，面临着新的挑战与机遇。如何再创辉煌？义乌多次举行解放思想大讨论，继续深化改革，用"啃硬骨头"的精神，以改革破解难题，以改革营造环境，给城市注入新的活力。

大胸怀，大格局——
"新义乌人"融入与"义新欧"出发

小城义乌，没有北上广高楼林立的气派，也没有苏锡杭风景的曼妙，却吸引了全球目光。数据显示，义乌的本地人口只有80万左右，而外来人口则达到143.7万人。其中，有1.3万多名外商常驻于此。

深夜，在异国风情街，来自非洲的客商品尝着地道的阿拉伯美食，谈天说地。在远离故乡万里之外的东方小城，他们找到了自己的生活，参与到城市管理和服务中去，成为"新义乌人"。步履匆匆的客商、各种创新创业的会议，有人说，这里的空气里都漂浮着商机。

作为一个县级市，义乌的开放包容度让人印象深刻。这里有各类涉外机构6800多家，其中外商投资合伙企业2500多家，约占全国的75%。

在义乌市国际贸易服务中心办事大厅，多个涉外部门联合办公。2012年1月6日，义乌市国际贸易服务中心成立，为外商提供"一站式"政务、商务、生活咨询和服务。中心成立至今，已办理各类审批和服务事项130余万件，日均接待外商和其他办事群众2000余人。

许多在义乌经商的外国客商都有一张小小的"外籍商友卡"，签证延期换发、网上住宿申报等信息都会实时更新。这张卡让外商在医疗、交通、子女教育等社会保障方面，享受与义乌市民同等待遇，目前办理数超过1.2万张次，基本覆盖常驻外商人群。

这些外商被称为"新义乌人"，他们来自不同的国家，有着不同的肤色，但相同的是，义乌是他们实现梦想的地方。在感叹中国大地发生巨变的同时，他们更庆幸自己搭上了中国发展的快车。

46岁的郭集福是马来西亚人，他在义乌经营珠宝玉石生意，讲一口流利的普通话。自2004年在义乌租下第一个店面开始，他已在义乌扎根10多年，每年回马来西亚时间不到15天。

郭集福与义乌结缘实属偶然。一次，他听人说中国有个地方叫义乌，什么商品都有。但具体一问，对方却支支吾吾。他偷偷打探对方的行程，买了同一航班机票，假作偶遇，跟随对方来到义乌。"那是1999年，一到义乌市场我大吃一惊，街上熙熙攘攘，马路上到处都是手拉三轮车，上面堆满整整两层楼高的货，好像在耍杂技。"那时在马来西亚，这些小商品非常紧缺。郭集福花了3万马币（相当于6万多人民币），买了茶叶、文体用品等一批货，没想到运回马来西亚之后，很快销售一空。他像是发现了"宝藏"，开始频繁到义乌进货，后来索性在这里开店。

之所以选择义乌，郭集福有非常细致的考虑。"首先，我在许多国家都做过生意，但似乎有一条'五年盛五年衰'的定律。无论你的生意多好，一般5年到7年就会遇到问题，但在义乌，生意一直都很平稳。第二，我在义乌经商从未遇到过赊账，这里的客商非常诚信。第三，我在其他国家做生意，要聘请销售员推销，而义乌客流源源不断。另外，义乌的包容性也让我非常感动，这里绝不会有排外现象。"

义乌市科瑞丝通贸易有限公司总经理苏拉来自塞内加尔。他最初干服装批发，后来转入小五金市场。2003年，他听朋友说义乌的货很多，便决定来看看。第一次到义乌，苏拉只采购了一个货柜的商品，心里还很忐忑。没想到这批货很快就被一抢而光，而且利润很高。从此，苏拉频繁往来于中塞两国。由于熟悉义乌市场，不少朋友经常请苏拉陪同采购，他渐渐萌生成立公司的想法。2007年，苏拉租下办公室，开始在义乌常驻。没想到，这一驻就是10年。2012年，苏拉成立了自己的公司，公司办公地点从最初的一间小办公室，发展到现在的三层楼。

说起义乌的营商环境，苏拉拿起了自己的手机，"义乌市领导为外商建了微信群，市委书记、市长、副市长等领导都在群里，我们可以随时反映问题。人大代表也经常来征求我们的建议。在这里，我们得到了充分尊重"。

在"一带一路"建设中，义乌再次展示其开拓精神和实力。

2014年11月18日，首趟"义新欧"中欧班列（义乌—马德里）成功发出。这辆装载着82个标箱的班列，从义乌出发，成为"丝绸之路经济带"上的"钢铁驼队"。截至今年7月底，中欧班列（义乌）共往返460列，成千上万种"中国制造"通过"义新欧"一路西行。

一家民营企业运营国际物流线路，难吗？

很难。回忆其间甘苦，"义新欧"的运营方——天盟实业投资有限公司董事长冯旭斌感慨万千，"我从2010年筹备成立中欧班列运营公司，2012年公司正式获批，由于线路长，开展业务难度非常大，其间有无数的努力和艰辛"。为了这趟班列的开通，冯旭斌跑了很多部门，去过不少国家，变成了"空中飞人"。

有几个时间点让冯旭斌刻骨铭心。

2013年9月8日，习近平主席在哈萨克斯坦纳扎尔巴耶夫大学发表演讲时首次提出共同建设"丝绸之路经济带"。"这让我特别激动，思考了半个多月，决定全力参与。"冯旭斌说。

2014年9月26日，习近平主席在会见西班牙首相拉霍伊时指出，"当前，中欧货运班列发展势头良好，'义新欧'铁路计划从浙江义乌出发，抵达终点马德里，中方欢迎西方积极参与建设和运营，共同提升两国经贸合作水平"。冯旭斌说："那是个不眠之夜，我的人生轨迹从那时开始改变。"

从此，再多的困难都难不倒这个敢想敢干的义乌人。他的目标是建设哑铃形的贸易通道，使进出口货物达到均衡，"经营好'义新欧'班列，我义无反顾，责无旁贷"。

如今，"义新欧"班列已实现每周双向对开的常态化运行，开通了至中亚、西班牙、伊朗、阿富汗、俄罗斯、拉脱维亚、白俄罗斯、英国、捷克9个方向的国际货运班列，义乌已成为长三角及周边地区商品出口汇聚地，出口额稳步增长。

记者旁白：善谋者行远，实干者乃成。义乌缺乏自然资源，地理优势并不突出。而人永远是生产要素中最活跃的因素，通过扩大开放，为外商提供优质的服务和良好的营商环境，可以塑造一个城市的软实力和新优势，从而不断吸引客商投资创业。这种软实力来自开放的思维，来自包容的视野，更来自强大的执行力。

群众首创，党政有为——
义乌奔向新梦想

"在我看来，'义乌经验'有两个关键点：群众首创和党政有为。"义乌市商务局党委委员、副局长马洪天说。马洪天是清华大学选调生，两年前他选择到义乌工作。在他看来，义乌的发展经历了几个阶段。第一阶段，改革开放之初，义乌人敢为人先，无中生有办市场；第二阶段，

20世纪80年代至21世纪初，义乌市场"买全国，卖全国"；第三阶段，中国"入世"后，升级为"买全球，卖全球"。

著名经济学家厉以宁在义乌调研后认为："义乌政府是有为政府。党委总揽全局、把握发展方向，政府调控有度、搞好公共服务，这是义乌全面建设小康社会、走科学发展之路的根本保证。"进入新时代，义乌瞄准"建设世界小商品之都"的目标，"两只手"协同发力，共促转型。

在义乌商贸服务业集聚区管委会工作的范黎黎告诉记者，如今，义乌产业集聚发展迎来新机遇，义乌提出电商换市、融合发展，同时，引入新产业，形成多轮驱动良好发展态势。

从线下商铺向线上线下融合发展转型。网购潮起时，不少义乌商户还习惯于坐等客户上门。浙江中国小商品城集团股份有限公司积极推动线上线下融合，提供各种平台培训商户，将7.5万商户全部搬上义乌小商品官网"义乌购"，在线商品300万种，日均独立用户访问达15万人次。统计显示，我国境内零售网商70%商品和批发网商80%商品均来自义乌。

楼仲平认为，2010年之前，支撑义乌市场的3大要素按重要程度排序是"客流、物流、信息流"，而如今却已转变为"信息流、物流、客流"。未来义乌一定要靠信息产业带动小商品市场，形成一张涵盖产业链的网，以先进工业、金融、国际贸易等为支撑，让义乌成为信息交会之地，做到强者恒强。

从一枝独秀向多轮驱动转型。40年来，义乌依托"以商促工""工贸联动"发展战略，走出了一条块状经济特色明显的工业化之路，形成了一批特色优势产业。义乌市经济和信息化委员会党委委员韩红英介绍，"十三五"以来，义乌市紧扣时尚、装备、信息、健康4大主导产业，以"增量选优、存量提质"作为工业稳增长的总方针，坚定不移招大引强，加快培育发展先进制造业和改造提升传统制造业，形成了推动工业经济高质量发展的"义乌经验"。

先看规划引领。2014年，义乌市提前启动"十三五"产业规划发展研究，明确"十三五"产业发展"2+2"定位，即打造2个千亿级产业：日用时尚消费品产业、信息网络经济产业；培育2个百亿级产业：先进装备制造业、食品医药健康新兴产业。

再看改造提升。2017年8月，义乌市入围浙江省21个传统制造业改造提升分行业省级试点名单，试点产业为服装制造业。结合本地实际，义乌将饰品、服装、袜业、纺织等10大行业作为传统制造业改造提升的主攻方向。

从被动适应市场转向创新引领市场。华鸿控股集团是一家以生产销售油画、镜框、相框为主的民营企业，是浙江省文化厅、外贸厅认定的浙江省重点文化出口企业。华鸿创始人之一、副总裁王爱香15岁便进入市场，1993年，她与丈夫开始做装饰画生意。随着国人生活水平的提高，他们的生意越来越好，1998年建厂后，企业规模不断扩大。1999年广交会，是华鸿从内销转向外贸的重要节点。"那是我第一次参加广交会，我租了半个摊位，还找了个会讲外语的经理，想去试试。没想到，我们在现场接到不少订单，足足发了10个集装箱的货。"王爱香说。

如何赢得更多国外消费者？针对每个国家、每个客户，华鸿提供个性化精准服务，为每个客户量身定制。"比如宜家采购我们的装饰画，我们的产品就要符合宜家的家居风格和特点。我们的设计师要'利他'，不以自己的喜好来设计产品，而是以客户的需求为导向。"

从销售廉价商品向打造品牌转型。在义乌国际贸易服务中心4层，一家家有设计感的店铺非常抢眼。仔细观察后就会发现，这些店铺没有一家产品是重复的。这与义乌市场"划行归市"的规则完全不同。这里，就是义乌国际品牌联盟。

"提起义乌商品，有些人可能联想到的是'地摊货''廉价低质'，我们希望通过努力，打造义乌产品的品牌，引导企业向中高端方向发展。"义乌国际品牌联盟秘书长朱秀秀告诉记者，为了提升产品质量、打造优质品牌，2016年，义乌8家企业抱团发展，创立了这个联盟。

这是个异业联盟，目前拥有58家会员，来自58个行业。从客户资源共享到提升品牌、加强管理、品牌维权等，联盟企业携手前行。朱秀秀告诉记者，义乌国际品牌联盟成立了商学院，每月举办两期培训沙龙，以及读书分享会和"拍砖会"，让会员分享企业管理、品牌建设等方面的经验，并为运营中的难点和"痛点"支招。

"我们的品牌以外销为主，在国外很有名，在未来5年希望把它们打造成世界一流品牌。"朱秀秀的期待让我们看到了年轻一代义乌商人的雄心壮志。

记者旁白：1978年，义乌国内生产总值12809万元；2017年，义乌实现地区生产总值1158亿元，全年实现网络零售额1277.1亿元。深刻巨变，源自何处？正是因为群众首创精神与党政有为的执政理念有机结合，市场的活力与政府的引导才能相得益彰，让义乌始终充满活力。市场之手与政府之手协同发力，无疑是义乌的最大优势之一。

结　语

开办市场，先行一步；出口贸易，风生水起；贸易生态，欣欣向荣……改革开放40多年来，义乌总是能站立在时代潮头。义乌为什么能？

在实地调研后，我们找到了部分答案。首先要归功于义乌人的勤劳、坚毅、诚信，其次要归功于当地党员干部的担当、无私、有为。但还有很重要的一点，是义乌广大干部群众一心一意谋发展的视野、眼界和胸怀，让他们总能与时代进步的节拍保持一致。

义乌的实践证明，小商品也能成就大市场，小县城也能实现大梦想，小地方也在影响大世界。而在"以小见大""以小博大"的背后，折射出的是中国特色社会主义市场经济的磅礴伟力。义乌经验也告诉我们，无论外部环境如何变幻，只要我们坚持改革开放，坚持发挥好有形之手和无形之手的作用，一心一意做好自己的事，在下一个40年，在中国广袤的土地上，还会发生更多精彩的故事，创造更多新的传奇。

（作者为王晋、刘春沐阳，《经济日报》2018年09月17日13版）

厦门——

厦门经济特区建设发展的探索与实践

厦门，大厦之门，亦是开放之门。

从1980年开始建设经济特区到2001年厦金直航正式开通，再到2015年开启自由贸易试验区建设，开放的厦门，每一刻都在发生巨大改变。近40年，一万四千六百多天，历史长河的短暂一瞬，打开开放之门的厦门，实现了历史性的跨越式发展，创造了令世界惊叹的奇迹——

伫立在厦门港东渡港区的海天码头上，只见远处一艘艘大型货轮来来往往，近处大型集装箱船在码头装卸作业……每天这样的画面在厦门港码头重复成千上万次，但今年已逾六旬的吴伟建却百看不厌。

吴伟建，1976年参加工作，在厦门港从码头学徒干到厦门港务发展有限公司党委委员、顾问，是厦门港和厦门经济特区发展的见证者、参与者。他说，厦门港从小渔村发展到全国第七、全球第十四大港口的历程，是厦门从昔日寂寥的海防小城崛起为海峡西岸璀璨明珠的精彩注脚。

厦门，大厦之门，亦是开放之门。作为我国最早设立的四个经济特区之一，厦门既是改革开放和现代化建设的试验田、排头兵，也是两岸交流合作的窗口。

多年来，厦门始终牢记使命，以壮士断腕、舍我其谁的勇气和魄力，探索开路、先行先试，为改革开放事业探索了鲜活的实践经验。2017年金砖国家领导人厦门会晤期间，习近平总书记盛赞厦门是"高颜值的生态花园之城""高素质的创新创业之城"。

湖里炮响

鹭岛的四季，海碧天蓝、树绿花红，生机勃勃。

这座山峦起伏、地窄人稠的海岛城市，在2017年金砖国家领导人厦门会晤期间惊艳世界，得到各国领导人的盛赞。

但翻开近代史卷，不难发现这座明清时期就已兴起的商业闹市，曾一度饱受帝国主义侵略与欺凌，直到新中国成立后经济社会才得到恢复和发展。1978年12月，党的十一届三中全会召开，改革开放的春风掀开了厦门建设和发展的新篇章。

1979年4月，邓小平提出要在沿海办经济特区。当年7月，中共中央、国务院明确"关于出口特区可先在深圳、珠海两市试办，待取得经验后，再考虑在汕头、厦门设置的问题"。

1980年，福建省委、厦门市委向中央递交《关于建设厦门经济特区的报告》。同年10月7日，国务院正式批复同意福建省在厦门湖里区划出2.5平方公里建设经济特区，近期先开发1.1平方公里，主要搞出口加工。

湖里区位于厦门老城区的西北部，当年只是禾山镇下辖的小渔村，山丘上乱石纵横，荒草丛生。"我曾以为，厦门经济特区就是整个厦门，但到了厦门才知道，特区是在湖里区，不是整个厦门。"当年从龙岩地委第二书记调任厦门经济特区副主任、副书记的邹尔均回忆说，自己到厦门的第二天就去"特区"考察，结果大吃一惊，除了几头水牛在荒地里吃草，什么都没有。

1980年10月15日，一声声接天的巨响，炸开了一座座山头，也宣告了厦门经济特区踏上创业征程。当时的湖里区水、电、路全都不通，而厦门财政资金盘子又太小。为解决资金难题，厦门从金融体制改革入手，借助海外金融机构解决资金问题。厦门的空港、渔港、通信、供电、供水等基础设施也逐步完善，逐步具备了大规模引进外资的条件。

1981年11月，祖籍福建的新加坡印华私营企业有限公司董事长翁祖树和同事陈应登来厦门考察。厦门经济特区建设发展公司（简称"建发公司"）和厦门建工局受命负责接洽。当时，特区的引资模式只限定在"三来一补"的范围，但印华公司希望能独资经营。考虑到印华公司是特区成立后来洽谈的第一家实力较为雄厚的外资企业，而且项目投资大、生产工艺先进，投产后既能带动就业，也能增加外汇收入，建发集团决定向上级申请特殊审批。

1982年1月10日，印华公司与建发公司、厦门经济特区工程建设公司签订合约，总投资900万新加坡元的印华地砖厂项目正式落地。两年半以后，印华地砖厂第一条年产30万平方米的劈离砖生产线正式投产运营。

作为厦门经济特区第一家外商独资企业，印华地砖厂的投资创办客观上起到了"领头羊"的作用。此后，宏泰发展、联侨企业、裕成建材等外商独资企业纷纷落地。国内多个兄弟省份和国家各部门也相继到厦门经济特区投资兴业，形成了特区创办初期外引内联的良好开端。

记者旁白：湖里区破土动工的一声炮响，拉开了厦门经济特区建设的序幕。从此，厦门从一个封闭的海防城市，一步一个脚印地迈向开放的现代化港口城市。

特区"扩容"

1984年2月，邓小平和中共中央政治局委员、国务院副总理王震视察深圳和珠海后，来到厦门经济特区视察。

时任福建省委书记项南汇报说，厦门特区只有2.5平方公里，实在太小了，最好能把特区范围扩大到全岛，并实行自由港政策，货物自由进出、人员自由往来、货币自由兑换；厦门、漳州、泉州三角地区同时对外开放。

邓小平回京后，同几位负责同志座谈商讨，他指出："特区是个窗口，是技术的窗口、管理的窗口、知识的窗口，也是对外政策的窗口。"他还说："厦门特区划得太小，要把整个厦门岛搞成特区……这样就能把周围地区带动起来，为它服务，使整个福建省的经济活跃起来。"

1984年6月，厦门市委、市政府向福建省委、省政府呈报《厦门经济特区扩大到全岛的实施方案》并转报党中央、国务院。1985年6月29日，国务院对《厦门经济特区扩大到全岛的实施方案》做出批复，明确厦门经济特区区域范围调整为厦门全岛和鼓浪屿全岛，面积131平方公里。

"经济特区扩大到全岛的方案获批后，大家都非常兴奋，但冷静下来后又感到迷茫，特别是下一步特区如何搞发展，怎么谋升级，怎样落实好'把经济特区办得更快些更好些'的指示精神？这些都没有经验可循。"曾经担任厦门市计划委员会副主任的郑金沐回忆说。

也是在1985年6月，习近平同志赴厦履新，担任厦门市委常委、常务副市长。他此番到厦门来，"就是想尝试对改革的实践、对开放的实践"。他曾深情回忆说："到经济特区工作，是我第一次走上市一级的领导岗位，第一次直接参与沿海发达地区的改革开放，第一次亲历城市的建设和管理。""这三年是全面学习的过程，是一个非常艰苦、刻苦的学习过程，从中得到了历练。"

郑金沐回忆说："习近平同志经常带我们上北京，到中国社会科学院拜访著名学者，虚心求教各种问题，邀请该院经济研究所与厦门合作研究。他勤学好问爱钻研，给我们留下很深印象。"

经过一年半时间的研究，《1985—2000年厦门经济社会发展战略》最终出炉，并形成了21个专题研究报告。"这些成果提出的指导思想、发展模式、战略目标、战略重点、战略实施对策，至今对厦门经济社会发展仍有很重要的指导意义。"郑金沐说。

时任国务院发展研究中心主任的马洪教授在战略研究成果结集出版的序言中指出："厦门市政府审时度势，极为关注厦门特区未来的经济社会发展……厦门市2000年经济社会发展战略，对厦门经济特区制定长远规划、近期实施策略，具有指导意义。同时也为其他地区制定区域性发展战略，提供了有益的经验。"

刚创建经济特区时，厦门市只有地级市的经济管理权限，地方自主性和积极性比较小，不能直接对接中央各部门，效率较低。随着特区的"扩容"和发展，这种管理体制已经不能适应对外开放和参加国际竞争、合作交流的需要。因此，实行国家计划单列，解决特区管理权问题，已经变得十分迫切。

1988年3月份，厦门市政府成立市计划单列办公室。同年4月份，国务院批准厦门在国家计划中实行单列，赋予厦门市相当于省一级的经济管理权限。

在厦门工作期间，习近平同志还担任市金融体制改革、经济特区管理建设等领导机构负责人，牵头研究制定了推动经济特区政府管理体制改革的一系列政策措施。平时谦逊随和的习近平同志，在改革问题上果断干脆、态度坚决。他在不同场合提出，"经济特区的任务就是改革，经济特区应改革而生，我们要承担起这个责任"。习近平同志说，"改革，先走一步有风险，但国家需要有人去趟路子，搞好了，为国家以后的改革提供经验，起纲举目张的作用"。

推动厦门实现计划单列，为厦门长远发展争取有利条件；在全国首次提出"小政府、大社会"原则，建立精简、高效、廉洁、团结的政府；推动金融机构企业化经营，成立华侨投资公司和地方保险机构，建立厦门外汇调剂中心……习近平同志在厦门推动的一系列大胆改革，许多思路和举措在全国具有开创性和前瞻性，为厦门经济社会发展注入磅礴动力。

记者旁白：厦门经济特区扩大到全岛，给厦门带来的不仅仅是特区面积扩大，更重要的是，厦门特区建设和发展迎来了崭新的局面。随着特区的建设和发展，厦门市进一步依靠改革提升科学发展能力，推动经济社会取得了长足的进步。

点燃"火炬"

62岁开始创业，74岁时公司成功上市，美亚柏科信息股份有限公司创始人刘祥南成为当时2600多家A股上市公司里年龄最大的董事长。而其创办的美亚柏科也已经成为国内从事电子数据取证和网络空间大数据应用的佼佼者。

"厦门火炬高新区管委会乃至厦门市委、市政府做了大量工作，为企业发展提供良好营商环境。"美亚柏科信息股份有限公司党委书记、总经理申强说。

申强所说的火炬高新区，是厦门特区建设中成立的第一个高技术产业开发区。自1990年创建以来，火炬高新区已经建成包括火炬湖里园、厦门软件园（一、二、三期）、厦门科技创新园、火炬（翔安）产业区、厦门创新创业园、同翔高新技术产业基地等在内的"一区多园"产业发展大平台。

回忆起30年前创建火炬高新区的往事，厦门市政协原主席蔡望怀依然激动不已。在他看来，火炬高新区的创办，是厦门特区建设第一个十年中意义非凡的大事之一。

1984年的厦门，科技实力总体上比较薄弱，科技工作的管理体制和运行机制存在不少弊端，科技工作和经济建设实际脱节情况比较严重。

"厦门地域面积小，依靠粗放型扩张有其局限性。"蔡望怀说，在厦门的经济发展中，科技特别是高新技术应该扮演好"第一生产力"的角色。

1988年，国家科委提出要在选择几个城市和地方政府合作建设高新技术产业开发区，推动国家实施"火炬计划"的战略构想。"这其实是要建设科技'特区'，通过提供良好先进的基础设施和周全高效的政策措施配套服务，吸引海内外研发机构和科技人才，最终实现产业化。这与厦门市正在酝酿的发展思路一脉相通。"蔡望怀说。

1989年3月，国务委员兼国家科委主任宋健和国家科委常务副主任李绪鄂一行到厦门考察，蔡望怀全程陪同，并竭诚表达了厦门扬一地之长、尽一己之力，为"火炬计划"的实施作贡献的迫切愿望。

经过深入沟通，厦门市和国家科委敲定了合作共建厦门火炬高技术产业开发区的意向，并着手制定实施步骤。"大的构思和框架有了，但具体的实施困难重重，仅土地和资金问题，就让厦门伤透了脑筋。"蔡望怀回忆说，当时厦门决定把火炬高新区放在小东山，而小东山1平方公里左右的高新区用地，是经过反复争取才落实的。首期开发需要几千万元，也是通过多个渠道筹措的。

1990年12月30日，厦门火炬高新区正式破土动工。"火炬高新区的创办，顺应了国际经济、技术发展的趋势，标志着高新技术产业将成为厦门工业发展的侧重点。厦门特区也为海内外科技力量和企业家提供了一个大显身手的新舞台。"蔡望怀说。

多年来，火炬高新技术开发区一路高歌猛进，在发展高新技术产业、集聚高层次人才、两岸产业和科技交流合作等方面取得突出成就，在厦门市实施跨岛发展和创新驱动发展战略中发挥了带动作用，以占厦门1%的土地面积，实现厦门41%的工业产值，在厦门全方位、多层次对外开放格局中扮演着十分重要的角色。

在厦门市委书记胡昌升看来，高技术、高成长、高附加值，意味着在创新链、产业链和价值链中占据高端和主导地位。他表示，厦门将继续尽最大的努力，把潜在的"三高"企业培育成真正的"三高"企业，把现有的"三高"企业加快培育成行业领军企业，让成千上万的"三高"企业真正成为建设高素质创新创业之城的主力军，成为支撑厦门高质量发展的中流砥柱。

记者旁白：火炬高新区的创建，打破了厦门的发展瓶颈，培育了一系列推动高新技术产业发展的重要资源，为厦门高新技术产业打下了坚实的基础，使其成为"特区中的特区"。未来，成千上万的"三高"企业将成为厦门建设"高素质创新创业之城"的主力军。

台商来鹭

许多厦门人还记得，新中国成立后较长一段时间，厦门凡是镶有玻璃的门窗，都得用牛皮纸裁成纸条，按"米"字形贴在玻璃上，以防玻璃被炸弹冲击波震碎伤人。

那时，两岸军事对峙。厦门街道的商店门口靠街道的砖柱之间，很多砌上两米多高的"防空墙"，还有"防空壕""防空洞"。

经济特区成立后，厦门与台湾的贸易关系开始复苏。厦门市抓住时机，开展"以侨引台、以港引台、以台引台"的吸引台资工作，台商也开始对厦门进行试探性投资，迈出了台商在大陆投资的第一步。

1985年，第一家台资企业"三德兴"在厦门宣告成立；不久后，另一家台资企业"鹭城"也宣告成立。

捷报频传，给厦门市委、市政府带来很大的鼓舞，大家铆足劲想要充分发挥厦门的对台区位优势。已经升任厦门市长的邹尔均向中央领导报告了创办台商投资区的想法。

领导问邹尔均："你们已经是特区了，为什么还要办台商投资区？"邹尔均说："我们想用台商投资区的名义把台商集中起来，更好地为他们服务。"

其实，邹尔均心里盘算着另一种可能，如果把优惠政策集中在岛内，发展空间有限，岛内环境也会受破坏。设立台商投资区，可以把优惠政策推到岛外，发展空间更大。

1989年3月，邹尔均带着申请成立台商投资区的资料去北京参加全国"两会"。"我带着两个方案，一个是海沧，地方大一些，60平方公里；

一个是杏林，地方小一点，10平方公里。"邹尔均回忆说，中央开会讨论时，省里领导也参加，临时加了福州马尾。

讨论中，邹尔均先拿出海沧方案，大家都不赞成，认为太大。于是，他又拿出杏林方案，与会者还是反对。田纪云副总理在总结发言时表态，两个方案都可以，这出乎邹尔均的意料。更让邹尔均吃惊的是，田纪云副总理明确表示，台商投资区"不要划界线，开发一片、建设一片、投资一片、获益一片"，而且要享受现行的特区政策。

1989年5月20日，中央下发正式文件，明确福建省台商投资区为：厦门特区及厦门市辖的杏林、海沧地区；福州马尾经济技术开发区内未开发部分（1.8平方公里），需向外延伸时另行报批。在投资区内举办台资企业，福州马尾经济技术开发区按现行经济技术开发区的政策办理；厦门新辟地区按现行特区政策办理。

从20个世纪50年代起，杏林就开始发展工业区，但在台商投资区创办前，区内一家台资企业都没有。台商投资区落地后，台商纷至沓来。

同一时期设立且面积更大的海沧台商投资区，更是将得天独厚的天然良港优势发挥到极致。台商投资区成立不到半年，台塑企业集团董事长王永庆前来考察，表示要在海沧投资70亿美元，建造一座年炼油1000万吨、乙烯70万吨的石化工厂，并自备电厂，以及远洋与内河运输船队。

为配合台塑投资计划的实施，中央决定在厦门海沧和漳州划拨15000公顷土地，并由有关部门出资3亿美元，与台塑联合设立石化专区。

就在签约的节骨眼上，台湾当局威胁将停止台塑集团的股票交易、责令相关银行冻结台塑集团的资金往来、限制台塑集团高层人员出境，迫使王永庆放弃投资计划。"海沧计划"宣告夭折，让已经铺开的基础设施建设陷入进退两难的境地。

1993年4月，根据形势发展和开发建设需要，福建省委、省政府对海沧100平方公里用地进行重新调整，明确南部临海20平方公里作为石化预留用地，其余80平方公里划由厦门市政府组织开发。经过几年的建设，海沧形成了以工业为龙头，大桥、港口、国道、铁路为四翼的发展格局。

此后，台商来厦门投资数量和投资额不断增长。1992年，国务院又批准集美为台商投资区，厦门进一步成为祖国大陆对台交流和对外开放的窗口。

记者旁白：由于闽台之间地缘相近、血缘相亲、文缘相承、商缘相连、法缘相循的优势，厦门在两岸交流中被寄予厚望。在经济特区建设中，厦门没有辜负重托，在两岸扩大交流中发挥了重要作用。

"两门"对开

尽管两岸冰封的大门自20世纪80年代逐步解冻，但在很长一段时间里，两岸乡亲回家，仍需经历一段本不需要的曲线——绕行香港或日本。

早在1979年，全国人大常委会就发表了《告台湾同胞书》，呼吁两岸"尽快实现通航、通邮、通商"，这是第一次提出两岸直接"三通"的主张。时任福建省委书记的项南作了一首诗，诗中就有"厦门金门门对门，金门厦门一家门"这样的佳句。

随着两岸经贸往来日益密切，台胞对两岸"尽快实现通航、通邮、通商"的愿望愈发迫切。1997年1月22日，两岸交通主管部门分别以大陆的海峡两岸航运交流协会和台湾的海峡两岸航运协会名义在香港举行会谈，就福州、厦门港与高雄之间试点直航问题达成共识并签署会谈纪要。

2001年1月2日，是厦金双方商定的两地直航首航日。这一天，金门县有关负责人陈水在率金门各界代表180人如期直航至厦门，从和平码头上岸，厦金直航正式开通。

"陈水在先生一上岸就紧紧拥抱了我，我们都相当激动。厦门金门终于打破了长达52年来不能直接往来的隔绝状态。"厦门市台办原主任孔长才在一篇回忆文章中写道。

2018年，厦金航线出入境旅客达174.5万人次，创历史新高，约占当年两岸人员往来人数的20%；截至2018年底，厦金航线累计出入境旅客1787万人次。

厦金航线不仅方便了两岸民众交往，也促进了两岸的经贸合作，繁荣了两岸经济。广大台胞来厦门购置房产，厦门人到金门购物休闲，大陆各地吃到鲜甜的台湾水果……这一切都成了平常事。

台湾农业整合行销发展协会厦门办事处主任温仁德告诉记者，最初台湾的水果运到大陆需要经由第三地，一般要7天以上才能到厦门。2008年后，台湾水果进入厦门同益码头可以走绿色通道，入关时进行快速检验检疫，几个小时就能进入大陆市场。现在，越来越多的台湾水果通过厦门运往大陆各省市，最远已销往新疆等地。

厦门市台商投资企业协会会长吴家莹说，1995年来厦门发展时，台湾和大陆不能直飞，需要到香港转机。

"当时厦门机场还在施工建设，到处是红土堆。我一下飞机就呆住了，这是经济特区吗？"吴家莹说，当时内心有些犹豫，要不要在厦门发展。不过，当亲友为他接风时，餐馆的人都讲闽南语，饮食和台湾差不多，一下就找到了家的感觉，于是决定留下来。

"我创业时，申办一家外贸公司要盖几十个章。现在，政府对台资企业的扶持力度更大了，服务效率比过去提升了许多倍。"吴家莹感慨地说。

近年来，厦门市坚决落实中央、省委对台工作的部署和要求，积极应对两岸新形势，进一步发挥对台战略支点作用，持续提升涉台服务水平，全力打造两岸融合发展示范区，对台交流合作不断取得新的成效。

目前，厦门有台资企业6900多家，工业总产值1962亿元，占厦门GDP的32.8%。2018年，厦门全市新批台资项目794个，同比增长15.4%；合同使用台资14.3亿美元，同比增长5.3%。

今年3月10日，习近平总书记参加十三届全国人大二次会议福建代表团审议时强调，福建要探索海峡两岸融合发展新路径。两岸要应通尽通，提升经贸合作畅通、基础设施联通、能源资源互通、行业标准共通，努力把福建建成台胞台企登陆的第一家园。

记者旁白：随着推动两岸经济文化交流合作各项政策举措的落实，厦门对台企台商台胞的吸引力进一步增强，两岸同胞情感融合心灵契合，厦门已经成为台胞台企登陆的第一站。

跨岛发展

走进集美新城，市民中心、嘉庚艺术中心、诚毅科技馆、诚毅书城、诚毅图书馆、集美新城商务中心核心区六大公建群已建成并陆续投用。

"过去，集美新城的所在地是一片滩涂和山地。如今，一座现代化的海滨新城已经拔地而起。"集美新城开发建设指挥部副总指挥庄源源说。

集美新城的建设和发展，是厦门市推动跨岛发展战略实施的重要成果之一。

自1985年国务院批准厦门特区扩大到全岛以后，中央又相继批准设立海沧、杏林、集美3个台商投资区和火炬高新技术产业开发区、象屿保税区以及厦门出口加工区，批准厦门实行计划单列，并赋予厦门市省一级经济管理权限和地方立法权。这一系列的政策叠加，使厦门形成了全方位、多层次的对外开放格局。然而，由于地域面积所限，厦门很快就遇到了瓶颈。

2002年6月，时任福建省委副书记、省长的习近平同志到厦门调研，一针见血点出厦门发展瓶颈——"厦门本岛基本饱和，而岛外发展明显滞后，经济腹地空间小……拓展中心城市发展空间，扩大经济发展腹地，已成厦门建设发展当务之急。"

如何开拓厦门发展的新天地？习近平同志发出"提升本岛、跨岛发展"的动员令，鼓励厦门加快从海岛型城市向海湾型生态城市转变，并指明了"四个结合"的跨岛发展战略思路——提升本岛与拓展海湾结合、城市转型与经济转型结合、农村工业化与城市化结合、凸显城市特色与保护海湾生态结合。

跳出本岛，拓展岛外，由海岛型城市向海湾型城市转变，成为厦门市新时期发展战略共识。

2002年11月，厦门市委九届五次会议通过了《厦门市加快海湾型城市建设实施纲要》，提出了到2010年基本建成海湾型城市框架，形成具有海湾型特色的现代化城市格局的总体目标，并制定相应的城市规划和布局调整、产业建设、基础设施等一系列方案。此后，厦门市逐步将投资重点向岛外倾斜，岛内环岛路陆域全线贯通，海空港报税联动区建成，陆续开展旧城改造。

庄源源表示，集美新城正在积极布局和构建以软件信息、文化旅游、商务商贸物流、机械装备为主导的现代产业体系，产业规模日益壮大，集聚效应显现。目前，已经初步建成集商务营运、信息服务、文化创意、教育科研、交通枢纽、生态旅游和生活居住为一体的活力人文新城。

30多年前，海沧区还是厦门岛外一个偏远小渔村，工业、第三产业、生活配套基本空白。如今，这里已经成为厦门西海域迅速崛起的新星，从2010年到2017年，海沧新城完成投资约1000亿元，人口由11.5万人增至28.8万人。

对于这样的变化，厦门日月谷温泉度假酒店负责人陈冠羽深有感触："刚到厦门时，海沧大桥还没有通车，从岛内来到海沧，需要绕道厦门大桥，大概要一个半小时车程，现在只要20分钟。"

家住集美区的市民郭浩然在岛内上班。他说，集美大桥建成之前，只能绕行又远又堵的厦门大桥，现在驾车从集美大桥跨海只需8分钟。岛内上班、岛外居住的他既能享受岛内的经济发展成果，又能避开岛内的拥挤和较高的生活成本。

"跨岛发展战略的顺利实施，离不开交通基础设施的改善。"厦门市委常委、常务副市长黄强说，2002年以前，厦门仅有厦门大桥和海沧大桥两个进出岛通道。2002年以后的15年间，新建成集美大桥、杏林大桥与翔安隧道3个通道，共拥有30条车道组成的快速进出岛通道。

随着跨岛发展实践的推进，厦门市的城市发展空间得到了拓展，先进制造业加速集聚，现代服务业水平稳步提升，岛内外交通连接网络和对外综合交通体系加快构建完善，基本公共服务城乡统筹和公平均等基本实现，探索出了一条公平共享、集约高效、可持续发展、和谐宜居的发展模式，为厦门实现高质量发展奠定了更加坚实的基础。

"城市发展应以人为本，厦门市在跨岛发展过程中，更加注重基本公共服务向岛外的延伸，岛外新城和农村地区的基本公共服务投入进一步加大，优质公共资源更多向岛外倾斜，发展成果更多惠及市民。"黄强说。

在跨岛发展战略持续推进下，厦门"一岛一带多中心"的城市框架已经初步形成，其中，"一岛"即厦门本岛，"一带"即环湾城市带，串联漳州开发区、角美、龙海、海沧、集美、同安、翔安、金门、南安等区域；"多中心"即厦门岛市级中心、东部市级中心和海沧、集美、同安、翔安4个区级中心，发展的系统性协调性进一步提高。

记者旁白：跨岛发展战略的实施，开启了厦门加速跨岛发展、推进岛内外一体化的进程。沿着习近平总书记擘画的蓝图，厦门转型发展不断续写新篇章，城市承载功能、综合实力、区域辐射带动力实现了质的飞跃。

山海协作

走进位于泉州安溪官桥镇区思明园，昔日的崩岗上，标准化厂房拔地而起，规整的园区道路纵横交错，花草绿树郁郁葱葱。

这里是厦门与泉州安溪共同建设的"飞地经济"合作区。20世纪90年代，厦门、漳州、泉州、龙岩、三明五市通过友好协商自愿结成"闽西南经济区"。

2013年，以厦漳泉同城化为核心，闽西南五市区区域合作更趋紧密。厦门与安溪两地先行先试，达成"飞地经济"战略意向，并推动在安溪南翼新城启动思明园建设。2015年11月份，福建省政府正式批复建设思明园。目前，园区规划控制面积7188亩，首期建设2300亩，总投资20亿元以上。

"安溪与厦门，虽然地理条件和城市层级不同，但是彼此要素禀赋却可以取长补短。这种'飞地经济'模式，实现了效用最大化。"安溪县委书记高向荣说。

翔业厨卫科技有限公司是首批"飞"入思明园的企业。"现成标准厂房，极大缩短项目建设周期，减少企业资金投入。"公司董事长刘永斌表示，之所以选择进入思明园，不仅是看中这里得天独厚的交通优势，更重要的是土地、劳动力等要素价格非常具有竞争力。

目前，合作区已引进翔业厨卫、吉福厨具、佶亿食品、古山医药等一批企业。"安溪不是厦门产业梯度转移的跟随者，而是要成为厦门、安溪两地创新接力的探路者和试验区。"高向荣说，我们的目标是融入厦门产业链、创新链、要素链，走出一条合作共建、双赢发展的新路子。

地处武夷山脉最南端的龙岩市武平县，自然环境优美、农产品资源丰富，但现代工业特别是高新技术产业长期薄弱。"山海协作"则把"长在海边"的厦门市思明园区和"生在山里"的武平县紧紧相连。第一步，就是针对县里工业产业没法聚集发展、招商难的问题，找到了园区共建的办法。

福建合信创展科技有限公司负责人告诉记者，企业所在地是武平县第一个高科技光学产业园，而产业园所在的思明高新产业园区，就是在山海协作的帮扶下建成的，是福建省首个县域省级高新技术产业开发区。

"入厂两年以来，整体给我的感觉是家乡现在的发展越来越好，从第一年到第二年，增长差不多有1.8倍的产值，所以我也希望更多的年轻人，或者像我们一样在外有经验的人员，回到家乡来发展。"公司品质部经理曾元秀说。

如今，第一批像曾元秀这样"回武平试试看"的返乡青年，已经体会到产业发展带来的满满幸福感。

武平县优达农业开发有限公司总经理王秀珍是一名返乡创业的大学生，她带领团队和果农们一道建立了百香果分拣中心，将百香果进行分类、包装后发往全国各地的网络客户手中，每年供不应求。

王秀珍告诉记者，现在每个乡镇都有激励性扶贫基地，县委、县政府还提供棚架、地租、苗种等一系列扶持，促进了百香果产量和质量的快速提高。其中的激励性扶贫资金就有一部分来自厦门市思明园区的帮扶，在资金帮扶的同时，园区还引荐了沃尔玛、永辉、元初、苏宁等商超到武平县考察。目前，两地还在包括农副产品、土特产品供销贸易等方面深化合作，来自武平深山里的天然无公害农产品，很快就能端上厦门市民的餐桌。

山海协作，不仅推动了内陆山区的乡村振兴，带动当地百姓脱贫致富，也为厦门市开辟了新的发展空间。截至2018年，武平县山海协作共建的思明高新园区，入园企业达到58家，实现总产值79.08亿元，同比增长14.4%；缴纳税收3.39亿元，同比增长46.8%。

以海带山，以山促海，厦门与龙岩的山海协作也加速由原来单一的帮扶向促进社会经济全面协作发展转变。

记者旁白：多年来，厦门市积极主动发挥牵头作用，着力在基础设施互联互通、产业协同发展、民生服务等方面提升区域协作层次和实效，有效推动了区域协调发展站在了更高的起点上，开启了区域发展新格局。

自贸新篇

一个窗口、一个平台、一次申报、一次办结,让数据"跑路"代替人跑腿,再也不用像以前那样,带一大叠纸质材料,现在只要到"单一窗口"递交电子单证,就可无纸化申报办理,节约时间又省钱。

这是自2015年福建自由贸易试验区厦门片区国际贸易"单一窗口"上线运行以来,在厦外贸企业的最大感受。

2015年4月20日,国务院公布《中国(福建)自由贸易试验区总体方案》,中国(福建)自由贸易试验区包括福州、厦门、平潭3个片区,其中厦门片区是3个片区面积最大的。

"制度创新是自贸试验区的最大优势,也是自贸试验区最好的'优惠政策'。"厦门自贸片区党工委书记、管委会常务副主任熊衍良说。

在自贸区建设中,厦门率先建成国内一流的国际贸易"单一窗口"。船舶进出口岸、跨境电商、一般货物报关报检、港区货物进出和转关货物等口岸主要通关业务均通过该平台实现"一个窗口、一次申报、一次办结"。平台作为全国自贸试验区"最佳实践案例",直接服务各类口岸外贸企业近6000家,日均处理单证16万票次,报关报率近100%,数据申报简化率达32.7%,申报效率提升50%以上,船舶滞港时间由原来的36小时缩短为最快2.5小时。

厦门自贸试验区电子口岸有限公司党委书记刘少华介绍,目前厦门国际贸易"单一窗口"上线货物申报、港口物流、公共查询等九大功能模块和68项应用系统。"我们正在规划建设电子口岸的3.0版本,实现服务流程的全面优化升级,打造升级版的'一站式'服务生态圈。"

截至目前，厦门自贸片区共推出343项创新举措，其中49项为全国首创，256项已经在厦门全市得到复制推广，自贸区改革开放试验平台的作用进一步凸显。国务院2018年5月发布的全国自贸试验区第四批复制推广的30项改革创新经验，属于厦门自贸片区首创、并在全国复制推广的就有10项。

同时，厦门紧紧抓住"海丝"建设的有利契机，密切与"一带一路"沿线国家的经贸合作与人文交流，不断提升与"海丝"沿线国家和地区的经贸合作规模和层次，进出口贸易大幅提升，中欧（厦门）班列成为国家物流新通道，厦门大学在马来西亚设立分校，厦门成为"海丝"与"陆丝"无缝对接的唯一陆海枢纽城市。

2015年8月16日，第一列开往欧洲的中欧（厦门）国际货运班列从厦门海沧火车站开出，这条现代国际物流"巨龙"立足"海丝"建设支点城市、国际性综合交通枢纽厦门，成为助力"一带一路"建设的新引擎，也是首条从自贸区开出的中欧班列。

目前，厦门中欧班列通达12个国家30多个城市，实现了"丝绸之路经济带"与"21世纪海上丝绸之路"的无缝衔接。

2018年12月24日，身披"'丝路海运'首航"红色长幅的"中远泗水"集装箱轮汽笛长鸣，缓缓驶离厦门港海天码头，标志着国内首个以航运为主题的"一带一路"国际综合物流服务品牌和平台——"丝路海运"正式启动运营，也标志着福建省及厦门市在推进"海丝"核心区建设方面又迈出重要一步。

黄强表示，"丝路海运"在厦门率先开行，必将更加有利于推动厦门市在更高层次上推进对外开放，在更高起点上推进"海丝"重要支点建设，厦门将进一步加大力度完善港航基础设施，优化航线网络布局，持续提升厦门港辐射内陆的服务能力。

2019年10月27日上午6点40分，一趟由俄罗斯新西伯利亚出发的中欧班列返程班列，运载着45个40尺集装箱抵达厦门海沧火车站。该班列经由内蒙古二连浩特口岸入境，将在厦门港作短暂停留，转接船舶南下前往越南胡志明港。这次国际铁海联运中欧（厦门）返程班列从厦门过境中转，标志着厦门已初步形成铁海联运物流双向新通道，在"一带一路"倡议推进落实上又迈出了坚实的一步。

当前，厦门已开通直达欧洲铁路固定线路5条、海运航线43条，中欧班列累计开行560列次、运送货值108亿元。返程班列的开行，不仅拓展了厦门"一带一路"物流版图，也提升了中欧班列的车、柜资源利用率，实现了东西双向互济、陆海内外联动的开放格局。

更重要的是，厦门不拘泥于有限的物理空间，先行先试、敢闯敢试，加强与国家战略的对接、与全球的关联，推动利用外资方式从"招商引资"转为"双向投资"，利用外资领域从"以侨引资"拓展为"全面合作"，逐步形成了经济特区、台商投资区、出口加工区、保税区、自贸试验区等多层次、全方位的对外开放格局。

记者旁白：厦门自贸片区挂牌以来，坚持市场化、法治化、国际化的改革方向，自贸试验区建设取得重要进展，成功打造了自贸区建设的"厦门样本"。

结　语

作为我国最早实行对外开放的经济特区之一，厦门始终以开放包容的胸怀、开拓进取的气魄，勇当全面深化改革和对外开放的开路先锋，逐步构建全方位、多层次的对外开放格局，使厦门成为境外资本的重要聚集地、对外贸易的重要口岸和对外交流对内辐射的重要窗口。

未来，厦门仍要按照党中央为厦门经济特区的建设发展指明的前进方向，以更大的决心和勇气深化各项改革，以更宽的视野扩大对外开放，不断创新发展理念，拓展发展思路，破解发展难题，提高发展质量，推动厦门经济特区始终沿着正确的航向破浪前行，让这座"高颜值的生态花园之城"颜值越来越好、"高素质的创新创业之城"素质也越来越高。

（作者为林火灿、薛志伟，《经济日报》2019年11月23日05版）

莱西——

"莱西会议"经验迭代背后的那些事

莱西，坐标——胶东半岛中部。

这个近海却不见海的地方，在近年全国百强县名单中，屡有上榜。但莱西的闻名全国，时间却可追溯到30年前。

这，源于一次著名的会议。

这就是为期长达6天、史称"莱西会议"的座谈会。会议于1990年8月5日经中共中央批准，由中共中央组织部、政策研究室、民政部、共青团中央、全国妇联联合召开。会议主题聚焦全国村级组织建设工作，地点就定在当时的山东莱西县。

由中组部等五部委联合，就村级组织建设工作召开座谈会，在我们党的历史上并不多见。而把这样一个高规格的座谈会地点，选在一个省的县级市，更是极为罕见。

莱西会议的重要成果，是通过了《全国村级组织建设工作座谈会纪要》，总结和推广了莱西加强以党支部为核心的村级组织配套建设的经验，从理论、政策和制度上，确立了以党支部为领导核心的村级组织建设工作格局。这在全国农村基层组织建设史上具有里程碑意义。

莱西，凭什么？"莱西会议"，背后都有哪些耐人寻味的故事？"莱西会议"经验何以成形，并历久弥新、永葆生机？令人深思，值得探究。

（一）

20世纪八十年代初，家庭联产承包责任制全面推行。经济上获得自主权的广大农民，迸发出极大的生产热情。

莱西的农民兄弟也不例外，土地到了户，干劲大涨，第一年就迎来大丰收。

农民在生产上的自主权有了，自主意识增强了，但村集体的功能相对弱化了，农民对村党支部的依赖程度也降低了，干群关系日趋紧张。

当时流行的顺口溜"包产到了户，不要党支部；分了责任田，管你党员不党员；党员不党员，只差五分钱"，就是对此的生动写照。

要知道，农民群众是村党组织的工作对象、服务对象，他们对村党组织的疏离疏远，将直接导致村党组织运行的支持力不足、支撑力缺位。

在那时的农民群众眼里，旧问题解决了，新问题却一个个接踵而至：

年景不好，碰上自然灾害，收成如何保障，风险如何化解？

买难卖难，小生产与大市场的错位，如何弥合二者之间的鸿沟？

自己买种子，自己购化肥，自己灌溉，生产资料供应不足，到了农忙，极易耽误农时。

相比之下，农村干部的"失落感"尤甚。过去长期手握生产的调度权和分配权，实行家庭联产承包责任制后，他们一下子变得两手空空，有的反被农民讥讽为"要钱、要粮、要命（计划生育）"的"三要"干部。

有个老汉说，分了地，村干部整天没事干。一年三百六十天，他们就干这三样——催公粮、催三统五提、催计划生育费。

农村干部心理上的落差可想而知。

在此情势下，1990年的莱西会议，就是为集中研究解决这一问题而召开的会议；所形成的"三配套"莱西经验，就是有效解决这一问题的产物。

经验的产生，与当时在县委组织部任职的周明金有着密切关系。对莱西农村情况极为熟悉的他来说，当时迫切需要求索的问题就是，农村工作谁来抓？如何抓？抓什么？

为了回答这"三个怎么抓"，他骑着自行车几乎跑遍了莱西800多个村，谈话近万人次。有几个调查样本给他留下深刻印象，从中看到了村级组织建设的方向。

后庄扶村：

后庄扶村大包干后，党支部不等、不靠，没有袖手旁观，抓住村集体不松手，带着村民筑水坝、打机井、修田渠，村里的农田是旱能灌，涝能排，还把科技人才请到田间地头，引导农民科学种田。后来陆续建起罐头厂、冷藏厂、养鸡场，后来又办了面粉厂，至今面粉厂的机器声还天天响。当时的村党支部书记王顺寿说得好：这发展那发展，啥发展党支部都不能撇下农民兄弟不管。

以集体经济为依托，搞好社会化服务，这是莱西县村级配套建设迈开的第一步。

西沙埠村：

位于莱西县西部大沽河岸边，名不见经传。1988年初，却引来县、乡两级领导关切的目光，一个月内，这里有13封群众来信送到乡党委书记手里。与此同时，村里发生了村民围攻村干部事件。乡党委当即组织专门调查，其实，主要是由于村干部办事独断，"犹抱琵琶半遮面"，而引起群众的意见和误解。

同是这个村，新的党支部书记上任后，第三天，在村头的墙壁上就出现了一个公开栏。宅基地划分、计划生育指标、村财务收支、提留集资、农用物资分配等，七件村民关心的大事都赫然公布于众。

此后，村里凡有大事都交村民讨论，和群众商量。群众也主动为村干部出谋划策，对村务发表"政见"。1986年，这个村按照区域种植计划，需要对土地进行适当调整。但都是村干部在那里拿主意，下命令，结果调了四次都没调成。

后来还是新上任的村支书把这事交给了村民，大家七嘴八舌，集思广益，很快拿出了责任田"以产定级、以级划亩、投标叫行"的调整划分办法。按这个法一实行，2000多亩地，不到半月就调整完毕。

正是充分尊重、引导农民群众的主人翁意识，以村民自治为基础，做好民主政治建设配套，莱西开始了具有历史意义的民主政治建设的新尝试。

李家疃村：

据莱西县委1985年调查：面对五光十色的商品经济，许多农村党组织一下子变得束手无策；一部分干部和党员认为："只要能挣钱，就是好党员"，"只要带头富，就是好干部。"致使全县861个村中，有203个党支部陷于瘫痪半瘫痪。

但在李家疃村，当有些地方传出"土地包到户，不用党支部"的时候，这个村的农民却响亮地喊出了一句令人振奋的口号："农民要致富，离不开党支部！"

当时，这个村有110亩新栽的葡萄园，两年内基本不能受益。大包干之初，村民们都不愿承包。这时，15名共产党员站了出来，带头承包了葡萄园。承包后的第三年，每亩盈利800多元。这时，村里一部分农民跟不上致富步伐，15名共产党员便主动退回承包合同，把年进斗金的葡萄园让给了12个贫困户。村里分宅基地，6名党员主动把好宅基让给群众，把沟洼地留给自己……

莱西县各级党组织，从李家疃的"村魂"形象中清楚地看到，村级配套建设，最根本的是建立一个像李家疃那样的党支部，造就一批像李家疃那样的党员队伍。

经过长时间的扎实调查研究，周明金结合实际，总结了一个"三配套"经验：一是以党支部为核心，抓好村级组织配套建设；二是村民以自治为基础，做好民主政治建设配套；三是把集体经济当依托，做好社会化服务配套。

2018年12月18日，庆祝改革开放40周年的大会上，党中央、国务院公布了一份改革先锋称号人员名单。人们注意到，来自山东莱西的周明金，作为基层组织战线的唯一代表，获颁授全国改革先锋奖章。

荣誉可谓实至名归，正是他积极参与探索的"村级组织、民主政治、社会服务"三个方面的配套建设，搭建起了"莱西会议"经验的基本雏形。

从"莱西会议"经验的诞生可以看出，任何一种改革经验，都不是凭空想象出来的，不是坐在办公室编造出来的，而是广大党员干部群众用改革的精神、创新的办法，不断破解农业发展问题和矛盾探索出来的。它由问题倒逼而产生，也必将在不断解决问题中深化、在进一步改革创新中发展。

（二）

时代的列车滚滚向前，莱西没有把"莱西经验"画上句号，他们一直走在不断探索的路上。

2006年，对于中国亿万农民来说，是一个十分重要的时间节点。

这一年，党中央作出了建设社会主义新农村的重大战略部署，全面取消了农业税和"三提五统"。由此，国家不再针对农业单独征税，一个在我国存在两千多年的古老税种宣告终结。

农业税的取消，给亿万农民带来了看得见的物质利益，极大地调动了农民的积极性，又一次解放了农村生产力。

然而，伴随着农民负担的减轻，农村经济的发展，新的矛盾和问题又出现了：农民与村党组织之间的关联性，农民对村党组织的依赖度不断减弱，村这一级组织的凝聚力和战斗力再次遭遇考验。

面对农村发展新形势，应该从哪里入手，提升村一级的组织力，重新让党组织和广大农民群众拧成一股绳，形成握指成拳的强大聚合力？

服务才是基层党组织的根。只有强化服务功能，真心实意地为群众服务，让群众得实惠、长受益，才能赢得群众拥护，使党的执政基础深深根植于人民群众之中。

山东给出的答案是：以提升村党组织服务能力为重点，以补齐基层组织要素短板为着力点，全面加强村级组织基本队伍、基本活动、基本阵地、基本制度、基本保障"五个基本"建设。

比如，2006年、2009年全省先后两轮投入14.7亿元，新建、修缮活动场所4.7万个，村级活动场所阵地条件得到较大改善、功能得到综合提升。

2009年，制定加强村党支部书记队伍建设意见，全面落实"一定三有"，给村党组织书记定权责、立规范，让村党组织书记工作有合理待遇、干好有发展前途、退岗有一定保障。同时，打破从村干部中选拔乡镇领导干部、考录公务员等政策障碍。

从2011年开始，总结推广潍坊市的县委书记述职抓基层党建工作制度、胶南市为民服务全程代理等典型经验；全面推广"四议两公开""三务公开"等制度，较好保障了农村群众的知情权、参与权、监督权。

"莱西会议"经验的推广，总是与时代精神同频共振。

可以说，每一次政策制度创新，每一个发展思路的变化，都是针对一个时期现实问题的解决所作出的努力。

通过一系列政策举措的走深走实，村党组织"有人管事、有钱办事、有章理事"等基础问题得到有效解决，村党组织战斗力、凝聚力、向心力明显增强。

（三）

时代的列车行至2013年，又是一个注定被永远铭记的时刻。这一年11月，习近平总书记来山东考察，重提"莱西会议"经验。

习近平总书记指出，山东是农业农村改革的先行先试省份，发端于莱西的村级组织配套建设，在全国起到了很好的示范引领作用。希望山东增强进取意识，勇探新路。

而在此前一年召开的党的十八大，落实全面从严治党要求被提到了一个新的高度。对农村而言，就是要推动全面从严治党向基层延伸，更加注重增强政治功能和组织力，整体提升党建引领乡村治理水平。

进入新时代，伴随着工业化、城镇化的快速推进，农村的社会结构、经济结构、组织结构发生了深刻变革，农村空心化、农业边缘化、农民老龄化现象日益凸显。

新时代、新使命、新征程，"莱西会议"经验如何继续夯实、再上新阶？

在持续深化拓展的过程中，"莱西会议"经验在新时代不断与时俱进，回应时代呼声，融入新的内涵，展现时代特质。在这一进程中，一些新的改革创新举措不断出台，其中创造的多项"全国第一"，成为新时代"莱西会议"经验不可或缺的一部分。

开展"第一书记"工作——2012年开始，山东开始持续开展选派第一书记工作，8年选派5万余名第一书记到贫困村、后进村抓党建促脱贫、促发展。

2014年11月，时任中组部部长赵乐际同志到山东视察工作时给予充分肯定，要求作为一项机制性安排在全国推广。今天，第一书记工作推动干部常态下沉，汇聚乡村振兴合力，已成为加强基层党建、推进精准扶贫、培养锻炼干部的重要品牌。

党建联合体、党建联盟——适应农业产业化、城镇化发展需要，探索建立党建联合体、党建联盟等联合党组织2011个。青岛九联集团与莱西市后庄扶村成立联合党委，即墨区鳌山卫街道鳌角石村村党总支与山东大学生命科学学院党委、青岛蓝谷电商党支部等建立共建关系，联合的创举把各种力量拧成一股绳……

全面推行村党组织领办合作社——目前全省村党组织领办合作社共1.2万家，带动群众入社163万人，支部建在产业链，合作社里党旗红，引领群众抱团发展，强化支部组织功能。

全面加强带头人队伍建设——2018年探索从机关干部、退役军人和返乡创业人才中选配村党组织书记改革。实施"乡村振兴育英计划"，省级每年选派200名乡镇党委书记、1000名左右村党组织书记到先进地区开展培训，带动市县分级负责每年对村党组织书记轮训一遍。

推进农村党组织书记专业化管理机制——建立起权、责、利三者科学匹配的管理机制，引导村党组织书记全身心投入乡村振兴事业，更好地推动乡村组织振兴。

探索推进抓乡促村责任落实机制——省级明确7大类别、51个县乡"属地管理"具体事项，明晰责任边界、减负赋能扩权，推动乡镇党委做优主责主业。

一系列创新举措，基本建立起领导有力、运转有序、治理有效的乡村组织振兴制度机制，以组织振兴推动乡村振兴的实现路径更加清晰。

回头来看，"莱西会议"以来的30年，是持续加强党对农村工作全面领导的30年，是农村经济社会快速健康发展的30年，也是农村基层组织建设不断探索创新、配套规范的30年。

（四）

今天，纪念"莱西会议"30周年座谈会召开。

最好的纪念是继续发扬，继续创新。

站在"莱西会议"经验30年的历史节点，山东农村基层党组织的领导地位进一步巩固，农村各类组织的活力进一步激发，农村基层党组织服务群众的功能进一步提升，党建引领农村中心工作的能力进一步增强。

近3届全省村"两委"换届选举，村党组织书记、村委会主任"一肩挑"平均比例达到75.6%，党组织成员兼任村务监督委员会、共青团、妇联等组织负责人比例均在70%以上。

看齐鲁大地：

淄博建立奖罚分明的"抓乡促村"责任制；

泰安考核评价乡镇领导班子和党委书记首先看抓村级组织建设成效；

东营约谈基层党建工作考核末位的乡镇党委书记成为常态；

荣成市实行"党建引领、信用支撑"工作模式，使支部、党员和群众在乡村治理中拧成了"一股绳"；

齐河探索推进县村党组织书记规范化管理做法；

平原县建立"三务三资"公开报告会制度，搭建村民参与村庄治理有效平台；

沂水县支部领办党员志愿服务队，帮助村里困难群体解决实际困难；

乐陵市实施"风筝工程"，让在外流动党员切实发挥模范带头作用……

30年来，我省涌现出兰陵县代村、章丘市三涧溪村、茌平区耿店村、寿光市三元朱村等一批在全国都叫得响的先进典型。

可以说，"莱西会议"经验实现了从"花开几枝"到"满园芬芳"的转变。

任何一种经验，只有结合新的时代条件和实践需要不断改革、不断创新，才能跟上时代步伐，保持蓬勃生命力，才能形成新的可复制、可借鉴、可推广的宝贵经验。

我们相信，应势而动、顺势而为，勇于探索、改革创新，做到乡村振兴前进到哪一步，农村党的建设就跟进到哪一步，"莱西会议"经验必将不断深化拓展，为进一步巩固党在农村的执政地位，夯实党的执政基础作出新的贡献。

（作者为任宇波、邵方超、李岳岳、策划马玉峰，《大众日报》2020年10月13日）

三明——

栉风沐雨历十载　改革铺就幸福路

十年栉风沐雨，十年春华秋实。十年间，福建省三明市全面深化医改、林改、教改等特色改革，闯急流，过险滩，破藩篱，换来绿水青山间亮丽的改革新景。站在新的历史起点上，三明市以更大力度、更实举措，在改革大道上阔步前行。

医改，向着健康福祉不断迈进

岁月留痕，三明医改，十年砥砺前行。一次次变革，是向着百姓健康福祉不断迈进。

10月10日，三元区城关街道卫生服务中心主任罗永明自豪地晒出健康账单：2022年，中心共接种新冠疫苗33万人次、儿童免疫规划疫苗2万人次，每年为社区65岁以上老人及慢性病患者免费体检7600人次，管理高血压患者近5000人、糖尿病患者2300人。

这背后是三元区城关街道卫生服务中心用好三明医改"指挥棒"，深化基层医疗卫生机构改革所迈出的坚定步伐。

今年1月，刚刚搬迁至三元区卫生服务综合大楼，拥有5层、5500平方米的中心宽敞明亮、设备先进、科室齐全。

可谁承想，十年前，场所简陋不说，医疗设备、人员配置也远远跟不上。

"十年前，中心坐落在芙蓉新村靠河边的位置，租用的是一层600平方米的仓库。因资金有限，18名医生都挤在一个大开间里办公。买不起B超机，中心只能借用三元区疾控中心早已淘汰多年的黑白B超机。化验设备也跟不上，全中心最好的就是一台显微镜，只能用于人工切片观察血常规。"忆起十年前，罗永明内心满是心酸。

有着37年从医经验的全科主任医师李洁，现在负责中心的儿童保健工作。中心医疗环境的变化，她看在眼里，喜在心间。如今，全中心承担着基本医疗、公共卫生服务、健康管理、慢性病一体化管理和医防融合等工作。

"随着6月1日数字化接种门诊的正式'上线'，我们中心信息化管理又迈出了实质性一步。"李洁希望，在接下来的工作中，能为群众提供更优质、更高效、更人性化的医疗服务。

除了就医环境的改善，智慧医疗的发展，也是三明医改的重要一环。

前不久，市中西医结合医院轨道物流传输系统正式启动运行，全线共设14个站点，可同时运行16个轨道小车。

"这些在轨道上运行的科技感十足的蓝色小箱子，可及时运送医院内部物资。"市中西医结合医院供应室负责人吴爱萍坦言，过去，光运送物资就得花费一天时间。现在，仅需3分钟，就可运完，运送效率大大提高。

十年历史长河中，三明市医疗服务质量不断提升，精准医疗也成了解锁疾病诊治的金钥匙。去年，市第一医院、市中西医结合医院分别与"国家队"——中山一院、广安门医院"联姻"，携手共建省级区域医疗中心、闽西北区域中医医疗中心，"组团式"带动全市学科群协同发展。

9月16日，67岁的蓝先生因患主动脉瓣狭窄，突发两次急性晕厥，到市第一医院就诊。很快，医院便组成了由中山一院心血管医学部教授李怡带队，市第一医院心内科主任郑元琦医疗团队参与的专家团队，为患者实施了三明地区首例"经导管主动脉瓣置入术"。

郑元琦解释，相对于传统的"开胸"手术，新的技术不需要开胸和建立体外循环，也不需要取出原瓣膜，因而创伤小，术后恢复快。

经过两个多小时的手术，2天的住院恢复，蓝先生各项生命体征恢复正常。9月20日，能下床活动，逐渐恢复病情的蓝先生，嘴里不断说着感谢的话语："谢谢医生团队，多亏了你们，我不用挨刀，病症还根治了。"

随着三明医改不断深化，三明市正全力给百姓"家门口"带来"福音"。十年间，政府共投入131.11亿元用于卫生事业发展，健康支出年均增长15.5%；全市新技术、新项目增长2.94倍，在建重点专科数增长90.19%；全市城镇职工、城乡居民医保患者住院总费用报销比例分别提高了3.38、21.32个百分点，达到75.64%、67.57%。

林改，不断增添富民绿色砝码

"钱从哪里来""单家独户怎么办""林农怎么富""产业怎么兴""林要怎么管"……十年来，这些问题一直是三明林改的聚焦点与关注点。

国庆前夕，"林农怎么富"的问题有了新答案——将乐县高唐镇常口村村民孙桂英，一家5口人，领到了750元的林业碳票分红。

村民迎来首次出售"空气"的分红，得益于去年5月18日，常口村领取了全国第一张林业碳票。这张碳票涉及常口村3197亩生态公益林，经第三方评估测算，监测期碳减排量12723吨。其中，福建通海镍业科技有限公司以4.0845万元购买了2723吨碳减排量，福建金森碳汇科技有限公司以每吨10元的价格收储了1万吨的碳减排量。

"这次把14万元的碳票收益，以现金的方式，发放给全体村民，每人能领到150元的分红。"常口村党支部书记邓万富高兴地说。

希望未来"碳票"能变更多"钞票"，广大林农的心声，也成了三明林改不断拓宽林农增收渠道的动力。

十年来，三明市围绕"钱从哪里来"，探索了林业"资源变资产、资产变资金"方式，使山林真正变成摇钱树。针对林业生产经营周期长、贷款期限短的"短融长投"问题，三明市在全国首推15—30年期"林权按揭贷"新产品；针对林权流转中买方资金不足和变更登记过程可能出现纠纷问题，在全国首推具有第三方支付功能的"林权支贷宝"新产品；针对广大林农林权小而散、难以变现等问题，推出普惠林业金融"福林贷"新产品；针对公益林和天然商品林比重大、且资产闲置问题，推出以公益林补偿和天然商品林补助收益权质押的"益林贷"新产品。通过创新，一批普惠金融产品在三明相继问世，全市共累计发放林业信贷174亿元，约占全省的1/2，三明百姓真正能在绿里淘金。

这一点，三元区米洋村村民陈勇世有着切身体会。"以前，竹山基础条件差，想利用，却没有余钱投入。"家里的竹山，一度成了陈勇世的心病。现在好了，福林贷，带福来。通过简单、快速、便捷的贷款，陈勇世有了10万元的修机耕路钱，挖笋再也不用肩背手提。

单家独户效率低，怎么办？三明林改给出答案：分离"承包经营权"。林地所有权还归村集体，承包权仍归村民，分离出来的经营权可以流转。一时间，家庭林场、林业专业合作社、林业公司等"新林农"，如雨后春笋般涌现。

沙县区高桥镇新坡村张祖暖就是其中一个"新林农"。去年，他将112亩采伐迹地与当地国有林场合作，建造"碳中和"共建示范林，林场负责全程管理，收益按股分红。"同样的林子，单家独户经营顶多有6到8立方米的产出，林场经营则可以提高好几倍！"张祖暖获得感满满。

改革不断深化，绿色福祉持续增进。9月26日，农村产权交易市场迈出新的一步，全省首个区域性农村综合产权交易平台落户沙县区，并启动运行包含农村产权、林权交易在内的农村综合产权交易系统。运营首日，共上线交易项目39个。

从把金融引入千家万户，到探索组建林业合作经济组织，再到创新推出林权收储机构、林票及碳票制度，发展全域森林康养及特色富民产业，三明林改向纵深推进，2021年，全市林业总产值达1210亿元，带动农村居民人均可支配收入增长10.7%。

创新，改革改进百姓的心坎里

教育是民生之基，牵动着千家万户。

金秋九月，三明市进入开学季，一批新建校迎新亮相。其中就包括三元区贵溪洋中学。"暑假里，学校首批11位老师，每天都到校'打卡'，用照片和视频记录下点滴变化。"10月8日，看着学生踏进校门，绽放出灿烂的笑容，校长蔡光春和教师们内心激动。

"新学校设施完善、环境优美，新组建的教师队伍融合共进，对孩子尽心尽责。在很短时间里，我家孩子学习更主动也更认真了。"开学一个多月来，看着孩子的进步，家长郑登军心里很是欣慰。

作为三明二中总校制初中部、区属独立初中校，贵溪洋中学的建成投入，有效地弥补了市区北部新区中学学位供给需求。这也是三明市持续加大教育投入的一个缩影。近年来，三明市坚定不移实施教育优先发展战略，一般公共预算教育经费由2017年的56.92亿元，增长到2021年的71.24亿元。

面对基础教育发展城乡间和校际间不均衡、局部地区优质教育资源不足难题，三明市探索"总校制"改革，共组建总校86个，结对分校207所，受益学生24万名。与此同时，三明市还深化小学"强基"、初中"壮腰"、高中"筑梦"工程，组建"G20高质量发展联盟"，持续抓好特色初中、新优质初中、示范性初中等"三类初中"建设，推进区域性课堂教学改革，组建两大普通高中"片区联盟"，推动普通高中特色项目建设，促进学校多样化有特色发展。

教育大计，教师为本。近年来，三明市积极推行协同培养机制、编制周转机制、正向激励机制等"三项机制"。目前，全市共培养特级教师、正高级教师和省、市、县级名师等4364人，成立各级名师工作室71个；调剂1800多个编制给紧缺县、200个空编用于中小学人才引进；2017年至今新增追加奖励性绩效工资2.97亿元。

唯改革才有出路，改革要常讲常新。随着三明市深化改革的号角吹响，改革创新便在各个领域全面铺开。"放管服"改革即是其中的一个"重头戏"。

"现在不到1个小时，就能办理好二手房所有的过户手续，3天后就可领证，和过去相比，速度快了不止一倍！"10月9日，在市行政服务中心二楼不动产综合受理窗口，市民唐先生感受到"放管服"改革带来的便利，不由点赞。

简化不动产登记手续是三明市持续深化"放管服"改革的其中一个有力注解。十年来，通过积极推行网上办、掌上办、预约办、邮寄办、智能办的"五办工作法"，设立"办不成事"反映专窗，开展"周六便民服务"，创新公积金"一窗式"同厅联办，全面推进"互联网+政务服务"等方式，全市行政审批服务质效不断提升。目前，在省网上办事大厅三明分厅入驻审批和公共服务事项达1950项，审批时限总体压缩率达93.05%，梳理出的行政许可事项中，"一趟不用跑"和"最多跑一趟"事项占比99.9%。

一头是打通服务群众的"最后一公里"，另一头则是三明市深化精神文明创建机制改革，擦亮"金字招牌"的生动实践。

眼下，一种订单式志愿服务新模式正在三明市全面推广。居民"点单"，文明实践站"派单"，志愿服务队"接单"，群众"评单"，组织"验单"。通过"点单派单"实现"供需对接"，真正让文明实践活动更贴民心，更达民意。近年来，依托覆盖全市各地的新时代文明实践中心（所、站）、"日月星志愿服务驿站"等文明阵地、实践体系，三明市陆续涌现出"有事找书记""长者食堂""爱心敲敲门"等一批特色鲜明、服务为民的文明创建新品牌。2021年，文明城市问卷测评中，市民对"创建全国文明城市的满意度"达99.8%。

与时俱进，深化改革不停步。在坚定不移推进改革的进程中，三明市还将把更多改革红利兑现为民生福祉，让人民群众的获得感成色更足、幸福感更可持续、安全感更有保障……

（作者为刘莉婷，《三明日报》2022年10月13日01版）

从大包干到筑梦新时代

初春的上午，天气晴朗，凤阳小岗村的大牌匾在阳光下灿灿生辉。干净敞亮的街道上，游人三两成群，孩童嬉戏打闹，街道两旁白墙黛瓦的徽派小楼一幢挨着一幢，一些老人聚在榕树下聊天下棋。初进小岗村，感受到一片温暖和幸福。

小岗村的中央有一条宽敞的马路，名为友谊大道，在这条全长700米的大道上，坐落着一座大包干纪念馆，里面珍藏了一张由18个大包干带头人以按红手印方式签下的契约，他们互相约定："我们分田到户，每户户主签字盖章，如以后能干，每户保证完成每户的全年上交和公粮。不在（再）向国家伸手要钱要粮。如不成，我们干部作（坐）牢刹（杀）头也干（甘）心，大家社员也保证把我们的小孩养活到十八岁。"这份契约记录了时代的峥嵘，见证了改革的缘起和决心。

大包干是饿出来的

"当时真的是吃不上饭，一到秋天就得去要饭"，说起大包干之前的状态，18位带头人之一的严金昌还是忍不住叹气，"要饭真的是太丢人了，但是不要又吃不饱饭，家里还有老婆孩子要养。"严金昌家的日子原本还可以，1975年的时候，他在不到5分的自留地里种了生姜、辣椒、大葱，还养了一头母猪，母猪每年能生两个崽还能拿出去卖钱，够一家9口人糊口了。但是，他家因此被当成"走资本主义"的暴发户，接连被大队、公社批判了好几场。此后，他便和父母兄弟分头出去讨饭。

1978年以前，小岗村是凤阳有名的"吃粮靠返销，用钱靠救济、生产靠贷款"的"三靠村"，每年秋收后几乎家家外出讨饭。1978年，凤阳遭受特大旱灾，饥饿的阴影再次笼罩在小岗人头上。作为一个生产队，小岗"大集体"的弊端不断显现。"当时就是算工分，干多干少一个样，只要每天按时出现在地里就行"，带头人之一的关友江告诉记者，"平均主义"极大挫伤了农民的积极性，导致谁都不愿真正出力干活的局面，"谁都不干，怎么可能有粮食吃。"

生存的问题把小岗村逼上了绝路，他们开始有了打破平均主义的想法，当时为了不突破政策红线，先试验分成两组，然后四组，再到八组，"两组、四组的效果不明显，一直到八组的时候差不多就是以家庭为单位了，那个时候积极性稍微好了些，但还是不够。"关友江说，"反正都这样了，大家就决定把地分得彻底些，分到个人手上。"1978年11月24日，严金昌、严俊昌、严宏昌、严立学等18户的户主在严立华家的茅草房里，借着昏暗的灯光，齐齐在那份"保证书"上摁下了红手印。之后，队里的土地按人均4亩半划分，有的多点有的少点也没有人在意，大家心往一处想，劲往一处使，第二年就取得了大丰收，"那一年真是人努力天帮忙，粮食多得都吃不完"，说起这个，关友江还是抑制不住地激动。

大包干纪念馆内展出的一组数字记录了1979年的大丰收：粮食总产13.3万斤，相当于"文革"期间年均产量的4倍；油料总产3.5万斤，相当于之前20年产量的总和；交售粮食6.5万斤，自合作化以来第一次向国家交售余粮；交售油料2万斤，超过任务的80倍；归还贷款800元，小岗村历史上第一次归还国家贷款；人均收入400元，是1978年的18倍。

虽然成果是喜人的，但是在当时的背景下，分田到户的做法依然是政策明令禁止的，小岗村能够从绝境中杀出一条路，除了自身努力外，与时任领导的包容也有很大关系。据严金昌回忆，时任凤阳县委书记陈庭元同情小岗村民的境况，他说："只要你们交齐国家征购、集体提留，并带头还贷款，还叫你们干下去。"时任滁县地委书记王郁昭在小岗视察后提出，"春耕大生产已经开始，不管用什么形式，一律不动，以后有什么事情就由地委负责。"直到1980年，时任安徽省委书记万里来到小岗村。在严宏昌家开的座谈会上，万里对小岗的包产到户明确表示："地委批准你们干3年，我批准你们干5年。"对于有人批评小岗在"开倒车"的说法，万里说，只要能对国家多作贡献，对集体能够多提留，社员生活能有改善，干一辈子也不能算"开倒车"。

1978年5月11日，《光明日报》头版刊登了《实践是检验真理的唯一标准》，小岗村用生动的实践验证了包产到户能够激发生产力这条真理。此后，大包干在全国推广开来。

幸福是干出来的

包产到户后，小岗村民的日子变化很大，从吃不上饭到家家余粮吃不完，从茅草房修成了瓦房，从牛犁地换成了机械耕地，大包干迸发的活力让小岗村民走上了幸福的道路。但是之后的20多年，小岗村一直走在以农业生产为主的道路上，秉承着日出而作、日落而息的生产和生活方式，与广大安徽农村一样，经历着粮价波动、罚款摊派、增产不增收的历史种种。相较于小岗的名气，发展已经严重滞后了。"一夜越过温饱线，20年没过富裕坎儿"，这是关友江对小岗村大包干后20年的总结。

这种状况一直延续到2004年初，那一年，安徽省财政厅挂职干部沈浩作为驻村第一书记来到了小岗村。

刚到小岗村的沈浩发现，这个村与他想象中的明星村不一样：从县城开着车都要半天才到，没有像样的道路，都是泥泞路，还得绕来绕去。村里没有集体资产，还欠着账。在这里工作，吃住都成问题。这样的发展环境，跟其他名村比起来，差别太大了。

落差并没有绊住沈浩的脚步，带着一定要让小岗村大变样的信念，不到一个月时间他就走遍了全村108户，对各家各户的情况了若指掌。"要想富，先修路，沈浩干的第一件事就是修路"，严金昌告诉记者，沈浩从省财政厅申请了50万元的修路赞助款，"刚开始村里打算从外面请工程队，但最低报价是58万元，没办法，我们就自己干，这样不仅能省钱，还能让村里人挣些工钱。"修路的那些日子，沈浩天天泡在工地上，和大家一起扛水泥、拌砂浆。"有一次，看到刚拌好的水泥浆漏了一地，他生怕浪费了，一时又找不到铁铲，就用手把水泥一趟一趟捧到路面上，弄得全身都是泥浆，手也烧起了泡……等路修好了，我们一算账，整整省了20万元。"严金昌回忆起当时的情景，感触颇多。

紧接着，沈浩给小岗村定下了三步走的战略。"先是搞高效现代农业，实现科学种田，然后利用小岗品牌发展旅游业，接着就是招商建工业。"严金昌告诉记者，要实现三步走的战略，最终要解决土地零碎化问题，2006年，沈浩在村民大会上提出了酝酿已久的发展思路：把土地集中起来，以"安徽省凤阳县小岗村发展合作社"为龙头，整合资源搞适度规模经营。全村1800亩耕地，扣除前些年办的400亩葡萄园，村民以土地持股的形式成立合作社。"流转土地刚开始村民可不支持，都说以前分田到户，现在都要收回去，是开历史的倒车，还有涉及祖坟搬迁的，工作更是难以做通"，作为当时与沈浩搭班子的村主任关友江告诉记者，沈浩真的是拿出了钉钉子的精神，发动干部，发动乡贤，一家一户地做工作，"有的人饭桌上答应了，饭后就反悔了，沈浩都气得流泪"，靠着铁杵磨成针的精神，大家慢慢被感动，逐渐接受也逐渐想明白了，沈浩做这一切都是为了大家好。

从那一年起，小岗村开始平整土地，引进企业，热火朝天搞建设，很快，优质葡萄由原来的80亩发展到200多亩，亩均纯收入3000多元；建起了小岗村养殖示范区、"大包干纪念馆""红色旅游"，吸引了大江南北的游客；先后开办了钢构厂、装饰材料厂、节能电器公司等企业；开通了有线电视、自来水，兴建了居民小区和卫生服务中心，争取资金修建了14公里柏油路，解决了小岗村行路难。2006年，小岗村农民人均纯收入超过5000元，"20年没有迈进富裕槛"的瓶颈，在沈浩任职的第三年被突破。

3年后，沈浩即将结束下派回省城。包括当年大包干带头人在内的98位小岗村民，将摁着红手印的挽留书呈交到安徽省委组织部，要再"扣"沈浩3年。省领导征求沈浩是否愿意留任时，沈浩选择了留下。直到突发心脏病于2009年去世，沈浩用一腔热血为小岗村的腾飞筑就了坚实的基础。

小岗梦也是广大农民的梦

小岗村的名气越来越大，游客也越来越多，严金昌在沈浩的建议下开了一家农家乐，起名"金昌食府"，生意是一年比一年好，现在每年都能有个10来万的收入。他有7个孩子，除了小女儿嫁到江苏，其他6个都回到了村里发展。"老大、老五、老六开饭店，老二开超市，老三开浴室，老四是女儿，现在一家子跟着老五干。"

2016年4月25日，习近平总书记亲临小岗视察并参观了"金昌食府"。严金昌对于当时与总书记的对话还能背诵如流，"我跟总书记说，小岗有小岗梦，就是到2020年要把小岗打造成一个经济繁荣、社会和谐、环境优美、村民幸福的新小岗。总书记说，小岗梦也是广大农民的梦，祝你们生活越来越好。"

如今，迈入新时代的小岗村正在开启新的改革征程。据了解，小岗村已完成或正在推进的改革试点共12项。目前，已全面完成小岗村1.36万亩土地承包经营权确权登记颁证工作，发放证书875本，发证率达100%；已完成小岗村农村宅基地和农房权属调查、分户测绘工作；已发放14户抵押贷款75万元，这些举措逐步从小岗村向全县面上推广。

此外，小岗村还在推进集体资产股份合作制改革和"三变"改革试点，以小岗村品牌作为无形资产，入股小岗村创发公司，赋予小岗村民股权，让村民真正变成了股民；制定融资风险补偿基金支持农民合作社家庭农场发展试点方案和流程，目前首批家庭农场融资风险补偿基金10万元贷款已发放；推进农村土地承包经营权抵押贷款、现代农业发展、旅游经营等贷款贴息办法，目前正在征求意见……

统计数据显示，2017年，小岗村集体经济收入820万元，同比增长20.6%；小岗村农民人均可支配收入18106元，同比增长11.98%。

夕阳下，严金昌站在"金昌食府"的门口，乐呵呵地与上门攀谈的游客唠着大包干的惊心动魄，话着沈浩的逸闻趣事，每至谈话的结尾，必然要自豪地复述一遍与习近平总书记的对话。

余晖洒在严金昌的脸上，岁月刻画的褶皱挤在一起，发自内心的笑容折射着幸福和对明天的向往。

小岗村一定会像总书记祝福的那样：生活越来越好！

（王翔综合整理，《农村工作通讯》2018年第23期）

余村——

将绿水青山变成金山银山

源自小山村的一场发展观的深刻革命

在浙江省天目山北麓的安吉县天荒坪镇，有个小山村名叫余村。前前后后五六年，余村的矿关关停停，余村的人犹犹豫豫。

"人都死了，矿还不关啊？"有人说。

"又不是头一回死人，关了就不死人了？"也有人说。

"矿都关了怎么还会死人？"

"没钱了，还不饿死人吗？"

"你！"愤怒的人站起来，捏紧了拳头。

"你敢！"另一个拳头捏得更紧。

这是20世纪90年代末余村的某一天。村里的矿山出了事故，村党支部和村委会当晚召开干部会议，大家讨论的题目，是到底继续开矿，还是马上关矿。场面争持不下，最后结果出人意料：一半同意关，一半同意继续开。

余村不是个例外。世纪之交的中国，当时有着两种完全不同的发展思路：一种是继续以破坏生态为代价的所谓"高速经济"，它的"亮点"是可以在"百强县""亿元乡"的名单上登榜；另一种是寻找新的出路，将生态经济作为未来发展的方向。两种思路、两种作为，冲突很大。

小小余村，恰逢在这样的环境下，能不能顶住压力，其实是一场需要勇气和智慧的生死抉择。日历翻到2005年8月15日。正当余村人处在犹豫不决的十字路口时，时任浙江省委书记的习近平同志来到了这个小山村。炎热、狭小的村委会小会议室里，气氛显得有些不安。村里前些年关掉矿山、还乡村绿水青山，但村级经济与百姓收入出现了下滑，村干部们向前来调研的省委书记作汇报。

习近平同志看出了余村干部们眼里的忧虑，他面带笑容但果断明了地说："余村人下决心关停矿山是高明之举，我们过去讲既要绿水青山，又要金山银山，其实，绿水青山就是金山银山！"对余村当时刚刚起步的生态旅游和农家乐，习近平同志亲切支招鼓劲，浙江建设生态省，建设节约型社会，推行循环经济，是个必由之路，也是一条康庄大道。一定不要再去想走老路，不要迷恋过去那种发展模式。有所得有所失，熊掌和鱼不可兼得的时候，要知道放弃，要知道选择。

十多年来，在"两山"理论的引领下，余村破茧成蝶，从"卖石头"到"卖风景"，从"靠山吃山"到"富山养山"，把村口的绿叶子变成了农民的钞票子，实现了经济发展与生态保护的双赢。

"总书记为我们指出了一条绿色发展之路。"余村党支部书记潘文革说，在认真分析客观形势和自身资源特点后，村里重新调整发展规划，把全村划分为"生态旅游区、美丽宜居区、田园观光区"三个区块，将村庄作了合理的布局。村民们开始发展休闲产业，逐步形成了旅游观光、河道漂流、户外拓展、休闲会务、登山垂钓、果蔬采摘、农事体验的休闲旅游产业链。几经发展，全村现有农家乐床位500余张，年接待游客10万余人次。"记得2005年的时候，村里农民的人均收入才8732元，

2016年我们已经达到了35895元，村级持有集体资产2000余万元，集体经济收入达到380万元。"潘文革说。

一个村落的发展变迁，是对"绿水青山就是金山银山"最好的诠释。

名片印上绿水青山就是金山银山

从余村村委会到余岭山脚下的冷水洞矿区只要几分钟车程，青灰色的山体间还隐约留有当年采石作业的痕迹。从2005年起，余村人下决心封山护水。村里关停全部矿山和水泥厂，并挤出所剩不多的集体资金修复冷水洞水库，拆除了余村溪边的所有违法建筑，把竹制品家庭作坊搬进了工业区，统一生产、统一管理、统一治污。

由西向东，我们沿着翡翠般的冷水洞水库顺流而下，清澈的余村溪在阳光下闪闪发亮。"矿区刚关停时，晴天溪水是白色的，而一下雨，溪水就像是酱油，河床已经抬高了2米。"溪水渐渐变清，村民胡加兴却作了个"疯狂"的决定，他在村里治水的基础上，又出钱请人进一步清理溪道、加固堤岸，还特别设计了溪道坡度的落差，打算搞漂流。"当时没人看好我的旅游项目，村里人笑我是'傻大胆'，工人们怕工钱打水漂，我每天都带着现金在溪边结算。"

胡加兴的50条橡皮艇下水后没过几个月，约1万名游客前来体验他的荷花山漂流。现在，每年来荷花山漂流的游客超过5万人，营业额高达220多万元。旺季时，60多位村民在漂流景区工作，每人每月工资就有5000多元。

胡加兴不仅将"绿水青山就是金山银山"印在了名片最显眼的位置，更将这一观念深深植入心里。暑期将至，他启动了自费安装的水循环处理系统，加速余村溪河道自净；从库区到村口，10余名工作人员负责河道保洁，容不得一丁点垃圾。

交织生长的参天水杉，是余村的一道亮丽风景。"村里不仅禁止村民在山上使用草甘膦等农药，还投入数百万元资金，完成河道生态驳坎和两岸绿化，家家户户截污纳管。"

游客到，山货俏，农家乐里更热闹。笔直的村道将我们带到了村里最大的农家乐春林山庄。"住在我这里的客人，全是来看风景的。"47岁的潘春林曾在矿山开拖拉机，"习总书记在村里座谈后，当年我就举债几十万元办起全村第一家农家乐，很多人质疑'卖风景'真能赚钱？"如今，春林山庄已走过10个年头，并联合村里其他4户农民，发展农家乐的连锁品牌，日接待游客逾百名，年营业额超过100万元。农家乐还带动了笋干、茶叶、土鸡等农产品销售。

美丽的环境带来了摇钱树，昔日沉寂的小山村越来越热闹。"山里负氧离子浓度至少每立方厘米3000个！"来自上海的一位游客说，他对山间的矿坑溶洞充满了好奇，村中千年的银杏树和百岁的娃娃鱼在城里也根本看不到。

为方便日益增多的游客，老潘还和村里人一同开办天合旅行社、组建观光游车队。每天，至少有3辆"农家乐直通车"往返于余村与上海、杭州、苏州之间，打通"吃住游行"一条龙服务。"游客最多时，车队一天要往返15次"，潘春林说。

"我们把生态景观、农耕文明、民俗节庆、地质探险等元素整合在一起，形成可游可赏、亦耕亦采、有趣有乐的新型乡村生态经济。"潘文革说，余村的发展注定要超越传统乡村的发展路径，把绿水青山的文章做到极致。

入选首届"中国农民丰收节"分会场

夜幕降临，安吉县天荒坪镇余村的庭仙农庄里，异常热闹。

"双休日根本没空房，淡季入住率也有五六成"，庭仙农庄"庄主"胡冬庭说。跟着胡冬庭在村里闲逛，只见村庄绿草茵茵，溪水清澈见底，空气格外清新。"别看现在的余村山清水秀，20年前完全是另一种面貌"，胡冬庭说。

"1984年，我进了村里的水泥厂上班。"胡冬庭说，工作几年间，他认识了同厂的汪月仙，两个人渐渐走到一起。虽然拿着不低的工资，但村里的环境却越来越让人担心。汪月仙的家就在水泥厂对面的山上，她说，记忆中，那时矿区烟尘漫天，整个村的人不敢开窗户，村里患呼吸道疾病的人逐年增多。

水泥厂关停之后，胡冬庭选择做个体户——在附近一带做钢结构方面的小生意，但生意并不好。2013年，看着村容越来越漂亮，外来游客越来越多，胡冬庭下了决心。他向亲戚朋友借了钱，将自家三层楼的农房重新装修，改造成有14间客房的农家乐。2014年8月，庭仙农庄正式开业，胡冬庭四处取经，儿子胡润凯则利用网络资源、微信营销，帮助庭仙农庄渐渐打开了局面。

现在，28岁的胡润凯不仅是店里的小老板，也是掌勺的大厨。他将当地土菜和时尚口味相结合，烧出独具特色的农家菜，帮农庄打响了品牌。"大学毕业后，我原本留在县城工作，眼看家乡名气越来越大，村里游客越来越多，就回家与父母一起经营农家乐了。"小胡说，他特意向一位老师傅拜师，成为一名手艺出众的厨师。"生意越来越好，我们享受到绿色发展的甜头了。"汪月仙说，农庄的蔬菜都是自家种的，一年营业额超过50万元，在家门口就安居乐业了。

今年，余村入选首届"中国农民丰收节"分会场，开展了特色民俗表演、特色优质农产品丰收展示、趣味农民运动等形式多样、丰富多彩的活动。除余村外，成为分会场的还有我国农业高新技术产业示范区、后稷"教民稼穑"之地的陕西省杨凌，农村改革发源地安徽省滁州市，东北的黑土地、大粮仓黑龙江省绥化市，我国农业水利工程的标志性工程所在地四川省成都市都江堰和我国热区农业和岭南农业的大本营广东省梅州市。

安吉县农业局相关负责人说，"入选成为分会场并不容易，每个分会场都体现着中国农耕文明传承、农业发展新时代要求以及地域文化传统等特点，这从其他5个入选的分会场也可窥一斑。"

（杨勇综合整理，《农村工作通讯》2018年第23期）

十八洞村——

"精准扶贫"在这里提出

湖南省湘西土家族苗族自治州花垣县，是乾嘉苗民起义的古战场，沈从文小说《边城》里提到的茶峒也在这里。这里有婺源乡村建筑模式，有兔耳岭自然景观。层叠的梯田，望不到边的绿色，在这里能看到原汁原味的苗寨风土。

进入花垣县的十八洞村，要经过一段曲折反复的盘山路。汽车左转右突，不时能看到对面山谷上高低错落的溶洞，也许这正是十八洞村村名的由来。5年前的十八洞村，几乎看不到任何现代化气息，很像陶渊明笔下的"桃花源"。

2013年习近平总书记来到十八洞村考察，苗族大娘石爬专家里没电视，认不得总书记，她问习近平总书记："该怎么称呼您？"习近平总书记称石爬专为大姐，回答说："我是人民的勤务员。"总书记在考察期间对十八洞村脱贫提出了16字方针："实事求是、因地制宜、分类指导、精准扶贫"。如今，那16个字的方针，做成了大字，放置在进村的山峦之上。这已经成为新时期全国脱贫开发工作的指导方针。但也是这16个字，给当年人均纯收入1680元的贫困村带来考验："不栽盆景，不搭风景""不能搞特殊化，但不能没有变化""要可复制、能推广"。

5年来，十八洞村不仅成了当地脱贫攻坚的一面旗帜，而且作为"精准扶贫"思想的发源地被广为传知。

勤劳筑产业

5年前，十八洞村是典型的贫困村，共有225户、900余人，人均耕地仅有0.83亩，以种植水稻和烤烟为主。村里的建档立卡贫困户136户542人，占总人口的55%。不少人家中除了电灯，就没了别的电器。墙壁是用泥巴、竹篾和木板糊的，一到冬天，寒风长驱直入，屋里比屋外还冷。除了外出打工，村里的年轻人几乎别无选择。

地无三尺平，田地多为"斗笠丘"，这在湘西山区，乃至整个武陵山片区是普遍的现象。除了缺乏资金和技术，也缺乏最基本的生产资料——土地。村民人均耕地只有0.8亩，这些土地都是在狭窄的山坳沟壑间开垦出星星点点的坡地，靠水稻和烤烟维持生计。

在这里，习近平总书记提出了精准扶贫的方略，但对这个村寨来说，或许最为重要的一句话，便是"不搞特殊化，但不能没有变化"。微言大义，这为十八洞村的精准扶贫措施定了探索方针：不能毕其功于一役，将各种资源倾注于这个村庄，那样便是栽盆景、吃小灶。

"总书记都来了，村里能不脱贫吗？"

几年前，这是最初村里人的普遍想法，也是给驻村扶贫工作队带来压力最大的地方。时任扶贫工作队队长龙秀林是近年十八洞村实现脱贫的见证者："天地良心，总书记到十八洞根本就没表态多给一分钱。"这一刻，龙秀林真正意识到村民脱贫缺的不是钱，而是摆脱"头脑中的贫困"，要激发内生动力。

2014年1月，十八洞村所在的花垣县县委，组建成立十八洞精准扶贫工作队，长年驻村开展扶贫工作。要实施产业扶贫，先得有地。于是，十八洞村很快有了一块流转来的飞地，距村庄35公里之外的花垣县国家农业科技示范园，专门为十八洞村流转了970亩土地。

流转来的土地做什么，曾经经历了一番激烈的博弈。县委书记亲自出面，为十八洞请来了猕猴桃种植专家。可刚开村民大会的时候，80%的村民坚决反对种猕猴桃，有的还举双手反对。

驻村的扶贫工作队采取了很多措施让村民们思想转弯，搞开工典礼的时候，组织老百姓开着车来看猕猴桃园这块地。看了开工典礼，80%的反对率就变成了50%。工作队包片做村民的思想工作，一个人做3户，工作的方法是为村民算账：在崎岖山峦间的小块土地，管理成本非常高，要施肥采摘，两亩地往往要分为八九个小块土地，大概要4个人管理劳作，而4个人到流转的土地上工作，挣的钱是原来的好几倍，而且成果也看得见。通过这些工作，赞成者又成功达到了70%左右。

最难说通的那些村民，就只好包车带他们到四川省浦江去看，到当地猕猴桃的种植大户家里去看，看人家的果园，看人家开的奥迪车。

村民的思想慢慢做通了，苗汉子果业公司组建成立。十八洞村村民，占了49%的股份。这些资金是各种产业帮扶资金汇集起来的，其中，贫困户占了28%，非贫困户占了10%，村集体占了11%。

2017年9月27日，国家认监委的调研组来到十八洞村。在十八洞的猕猴桃园，认监委调研组询问了猕猴桃的栽培过程。十八洞的猕猴桃尚没有被认证为有机产品，不过，努力成为有机产品，这成了十八洞猕猴桃的发展方向。同一天，在湖南省湘西土家族苗族自治州，认监委启动了以"有机产品认证服务精准扶贫"为主题的"全国有机宣传周"，并在湖南省花垣县、古丈县，河北省丰宁县等国家重点扶贫县率先实施有机认证服务精准扶贫工作。

据介绍，从2014年投产到2017年挂果，村里对种植的每一个细节进行把控，达到79项检测指标，通过订单农业的方式将猕猴桃卖向港澳，还与京东电商平台做了对接。2017年是第一个挂果的年份，产量大概有200吨左右。猕猴桃带来的经济效益，何止是脱贫，按人均增收5000元来算，一家5口人的话，就基本实现了小康。多年的雨露播洒，已经将猕猴桃园浇灌为十八洞村最厚实的产业积淀。

脱贫当自强

龙先兰，曾经是村里的"刺头"。这个31岁的年轻人从小是孤儿，吃百家饭长大，谁也管不住他。谈起这几年他的变化，村民们都竖起大拇指，而这要从他认下龙秀林这个"大哥"说起。

为了拴住龙先兰的心，龙秀林想给他找个媳妇，但相亲的结果给人浇了一盆凉水。"没钱、没房，连亲人都没有，谁会嫁给他！""谁说他没亲人，从今天开始我就是他大哥，我的父母就是他的爹妈。"

2015年龙先兰被送去学习养蜂，从4箱到14箱再到100箱，从最初的3万元产业发展贷款起步，2016年龙先兰通过养蜂、晒腊肉、种稻田，年底收入了8万余元。

现在，龙先兰的蜂蜜卖到了黑龙江，自己成立了合作社带动村民致富，不仅娶了媳妇，现在爱人还当上了村里妇女主任。当初那个见到陌生人都不敢握手的年轻人，现在变得越来越自信。

"去年有多少人娶媳妇儿？""7个。"

2016年3月份，习近平总书记参加十二届全国人大四次会议湖南代表团的审议时，与湘西土家族苗族自治州州长郭建群代表的对话，让代表们会心地笑了。习近平总书记说："我正式提出'精准扶贫'就是在十八洞村，前几天中央电视台报道的十八洞村脱贫进展情况，我都看了。"

"有些人来我们这里看见村里还是用本地山石铺路、黄泥竹竿做墙、黏土烧瓦片，感觉总书记提出'精准扶贫'的村子，建设的速度比想象中慢。"村民们说。

十八洞山泉水厂在2017年国庆后正式建成投产，这是十八洞除了猕猴桃园之外，另一个可以持续增收的大产业。同样的模式，十八洞的酒厂、十八洞的苗绣也在陆续深度开发中。十八洞的烤烟、蔬菜已经网上热销，湘西黄牛、山羊以及稻田养鱼为主的养殖业，也在蓬勃起步，上门洽谈的公司很多，仿佛任何十八洞的产品，都不愁销路。

"旺季的时候，差不多每天都要接待二三十名客人吧。最重要的就是让游客吃好玩好，还想再来。"十八洞村出名后，慕名而来的游客越来越多，许多村民开起了农家乐。原本在浙江打工的村民施全友回家开起了全村第一家农家乐，主打的招牌菜是苗家豆腐、腊肉和酸菜，一年下来能纯赚五六万元。

现在的十八洞村，早已不再"地处偏僻"，他们与外界的联系日益频密，生活也发生着质的飞跃。十八洞村凝聚了太多的注意力，村民的每一步微小的变化，都会被及时捕捉和解读，成为新的模式或经验，从而具有启示意义。2017年10月10日，电影《十八洞村》首映，这部取材于真实人物脱贫历程的影片，记述了十八洞村民观念和生活方式的改变。

近年来，通往十八洞的路，新建之后很快又重新拓宽，以应对川流不息的车辆和人流。除了游客，各地考察团和调研组来来往往，期待从十八洞获得灵感和启示。苗寨的山货和特产再也不愁销路，这样的红利还惠及了周边的村寨。至于十八洞村那136户贫困户，2016年就整体脱了贫。

十八洞是精准扶贫的首倡地，也是产业脱贫的教科书。"不依靠财政钱修路、盖房，村里脱贫开发靠的是精准施策、因地制宜，挖掘群众的内生潜力，模式要能复制、可推广"。面对总书记5年前提出的扶贫考卷，十八洞村交出了一份令人满意的脱贫答卷。

（作者为牛震，《农村工作通讯》2018年第23期）